美濃部由紀子

志ん生が語るクオリティの高い貧乏のススメ

昭和のように生きて心が豊かになる25の習慣

講談社＋α新書

まくら——昭和を「いだてん」のように生きて

噺家《はなしか》、五代目・古今亭志ん生《ここんていしんしょう》。本名・美濃部孝蔵《みのべこうぞう》は、私、美濃部由紀子《みのべゆきこ》の祖父に当たる人物です。平成三一年はNHKの大河ドラマ「いだてん」で、その志ん生の役をビートたけしさんが演じられるとか。大変ありがたいことだと思います。そして、私の姉の池波《いけなみ》志乃《しの》が、志ん生の妻で私の祖母、りんを演じます。

志ん生は明治に生まれ、大正、昭和と激動の時代を落語という芸一筋に生き抜いた、傑物。

破天荒《はてんこう》——落語を知る多くの方たちが志ん生について枕詞《まくらことば》のように使いますが、私も彼の芸風をこれほどまで的確に表現する言葉はないのではないかと思います。

いい加減でだらしないといった意味の「ぞろっぺ」という表現をする方もいらっしゃるのですが、彼の芸については当たらないと思います。それは、たゆまぬ努力の上に立脚した、志ん生以外には誰にも真似のできないスタイルを確立していたと考えるからです。

一方で、当人の生き方については、破天荒というよりも、若いころは、はっきり言って「傍若無人《ぼうじゃくぶじん》」「無茶苦茶」、そして名声を得てからは、超が付く勝手気ままな「豪放磊落《ごうほうらいらく》」「剛胆」という表現がしっくりくるように感じます。

しかしその実、気が小さく、臆病でもありました。

江戸っ子らしい、向こうっ気が強く意地っ張りで、喧嘩《けんか》っ早いが照れ屋です。

ちなみに、雑誌の企画「笑わせたがらぬ笑いの名人」で志ん生と対談した高名な精神医学者、竹山恒寿《たけやまつねひさ》氏は、次のように評しています。

「ところで志ん生も、やはりキュウクツなわがまま者だ。頑固《がんこ》で融通《ゆうずう》がきかず、我がつよく世間知らずで排他的で社交ぎらい、せまい世界を一筋に生きて、わき目もふらない。気分屋で、自分の気分だけに左右される。気がむかなければ、高座《こうざ》に出ても、ロクに喋《しゃべ》らずに引込んでしまう。こんなように、自我の世界だけに生きている人を分裂気質の人という」

こう散々。ただ、そのあとで以下のようにまとめています。

「若いうちには小にくらしいと思われた彼の人柄も、年とってからは、それが一つの味のように思われてきたから、何が幸いになるかわからない。分裂気質の人は、いわゆる名人芸に到達することが、多いものである」（「週刊読売」一九五二年三月一日号『志ん生芸談』）。

なお本人は、自分自身を「強情」「デタラメ」などと表現することが、ままあったようですが、家族から見ると、昭和という時代を「いだてん」のように駆け抜けた、人生の達人に見えました。

日本が最も日本らしかった昭和を軽やかに

こんな人なのですが、「激動の昭和を大胆不敵に生き抜いた志ん生の生き方をヒントに、現代の難しい世の中を生きる人へのアドバイスを」と、本書の企画が持ち込まれたとき、実はこのように思ったのです。

「あんなとんでもない爺《じい》さんが、いまの人の参考になるわけないわ」と。

しかし、よくよく考えてみますと、なぜだか分からないけれども人を惹《ひ》き付けて離さない志ん生の生き方には、きっと「何か」魅力があるのだろうとも感じるのです。その「何か」のなかには、ストレスフルな現代だからこそ活かされるものもありそうです。

外野になんと言われようが、家族に迷惑をかけようが、最後まで自分のスタイルを貫き通すことで、自分の仕事である落語を芸術の域に昇華させる。一方で、私生活では贅沢《ぜいたく》するわけでも威張るわけでもなく、やはり気ままな自分本位の生活を楽しむ。健康維持には頓着せず、酒もタバコも好きなだけ、身体が欲するままの食生活でも八三歳の大往生《だいおうじょう》。

——これをいまやったら、不健康、無精、我《わ》が儘《まま》、と一蹴？

でも、こんな生き方ができたら、ストレスから少しは解放されるのではないでしょうか？

そこで、日本が最も日本らしかった昭和という時代を背景に、志ん生、そして長男であり私の父、一〇代目・金原亭馬生《きんげんていばしょう》をはじめ、その家族や周辺の人々の暮らしや考え方をもとに、私なりに解釈した結果を、いくつかのテーマごとにまとめることにしました。

様々な人生の先達《せんだつ》が語るような気高《けだか》い教えは、残念ながら皆無です。しかし志ん生の人生を知るだけで、少しく現代人への生きるヒントや励ましが感じられるはず——。

志ん生・馬生とともに趣味で作った川柳《せんりゅう》もちりばめました。

さて、そんな勝手気ままな祖父でしたが、表面的には頑固ではあるものの、実際には照れ屋で、家ではあまり口を利《き》かない、明治の爺さん、そのものでした。

昭和三三年、志ん生が六八歳、落語協会会長として押しも押されもせぬころ、私は彼にとって二人目の孫娘として生まれました。幼いときはすぐ隣にあった祖父の家に、姉とともに毎日のように遊びにいっていました。小学校高学年から中学にかけては、一緒に暮らしてもいました。ですから、そのころのさまざまな思い出、そして、父や伯母たちから聞かされた祖父にまつわるエピソードを、いまでもよく思い出すことができます。

大器晩成とはよく言ったもので、五〇歳を過ぎて「天才」「名人」と呼ばれた祖父ですが、落語という芸に対する執念は他の誰よりも強く、さらに人知れず努力を積み重ねる人でもありました。

父に聞いた話では、志ん生は、三〇代の頃が最も噺がうまい時代だったと言う人もいたそうですが、父も知らない昔の話なので、残念ながらいまでは知る術《すべ》もありません。

そして、ひとたび高座《こうざ》に上がれば、落語に対する深い愛情を感じさせるその芸風で多くの人々を魅了。その芸に対する真摯《しんし》な姿は、その二人の息子、一〇代目・金原亭馬生や私の叔父である三代目・古今亭志ん朝《しちょう》にも、しっかりと引き継がれていることは間違いありません。もう二人とも志ん生のもとに逝《い》ってしまいましたが。

そんな当代きっての芸の虫、志ん生の人生は、天災、戦争、戦後の混乱、そして激変する時代の波に巻き込まれ、浮き沈みの激しい大変なものでした。家族ともども、本当に長いこと、ひどい貧乏ぐらしが続きました。まさに赤貧洗うがごとしです。

ところが、どんなことにもくよくよせずサラッと受け流しシャレにまでしてしまう、そんな優れた才能の持ち主でもありました。おそらく悩む時間などあったなら、自分自身の芸を磨くことに使ったほうがマシ、と考えていたのかもしれません。

演芸評論家の矢野誠一《やのせいいち》さんは、その著書『志ん生のいる風景』のなかで、こう語っています。

「貧乏ということと、貧乏たらしい生き方というのは、本質的にちがうのであって、貧乏ではあっても、こころゆたかな暮しは可能だし、金に不自由しない身でも、貧乏たらしい暮ししかできないひともいる。古今亭志ん生の、たぐいまれなる落語的美意識は、こころゆたかな暮しから生まれたものだ」

まさにこの本では、この言ってみれば「クオリティの高い貧乏」について解き明かすことに挑戦します。

当世、世知辛《せちがら》く窮屈な感じに包まれた日本。思えば昭和初期に比べれば物質的には驚くほど豊かになっているのに、その代わりとして失った何か、心にぽっかり空いた何かがあるような感じがします。

時に大胆に時にサラリと生き抜いた祖父・志ん生や、その薫陶《くんとう》を受け大きく飛躍した二人の息子の馬生と志ん朝――その生き様やライフスタイル、そして考え方から、昭和の時代にはあって現在はない「何か」を埋め、心豊かに生きるためのヒントを探し出せるはずです。

目次◉志ん生が語るクオリティの高い貧乏のススメ

第二章　家族と世間

第三章　モノか心か

第四章　道楽と酒と旅

序章

志ん生と家族の秘密

「先祖は忍者だった」の大嘘

私が小学生だったころ、祖父に「ウチの先祖は忍者だったんだ」と、秘密っぽく言われたことがあります。当時、マンガなどを見て「忍者はかっこいい」と思っていた私は、「えっ、ほんと」と、興奮してワクワクしながら話を聞いたものです。

そうすると祖父の一対一の独演会が始まり、身振り手振りで、忍者の技や武器の話をしてくれました。すっかり信用して、翌日、学校でその自慢をしました。そうしてオテンバだった私は、高いところに登ったり、鉄棒から勢いをつけて飛んだりして、「修行《しゅぎょう》」をして遊んだものです。

「おまえには忍者の血が流れてるんだよ」と言われていたので、修行をすれば木から木へ飛び移ったりできるとさえ思っていました。

ところが暫《しばら》く経って聞いた話では、「先祖は旗本で、りゃんこ（武士）だよ」と。「りゃんこ」は江戸庶民の言葉で、二本差し、すなわち侍を指します。どちらかと言うと、悪口に使う言葉でした。

「えっ、忍者じゃなかったの？」と聞く私。するとアッという顔をして、「あ〜、そうそう甲賀の忍者」「えっ伊賀じゃなかった？」「そうだ伊賀だ」と、こんな調子……。子供ながらに、「これは嘘だったな」と、がっかり。きっと忍者の話に私が食いついたので、物語の世界に入ってしまっていたのでしょう。「本当は旗本かあ」……私は修行をやめました。

朝鮮に棄てられ自力で帰ってきた

「子供のころ親に朝鮮に棄てられたが、自力で帰ってきた」――この話は、父の金原亭馬生も聞かされていたそうです。

祖父・志ん生いわく、「俺の親父は堅くて、厳しい奴で、俺が言うことを聞かないからと、四歳のとき朝鮮へ連れていかれ、棄てられたんだ。けど、俺は船に忍び込んで、けえってきちゃった。さすがの親父も驚いて、俺のことは諦《あきら》めたんだ」……そんな武勇伝。父も子供のころは信じていたそうですが、一〇代になると嘘だと気づいたそうです。だって、四歳だった祖父に、そんなことができるはずがありません。

本当の祖父は、一〇歳くらいから学校にも行かず、そんな歳で酒を飲み、賭場《とば》に出入りし、親の金を盗むようなワル……誰も手が付けられない。そこで一一～一二歳のころ、朝鮮のソウルにあった印刷会社の少年工として丁稚《でっち》奉公《ぼうこう》に出されたそうです。ところが、すぐに帰ってきてしまった、というのが実際だったようです。

そんな不良少年ですが、子供のころから落語だけは大好きでした。遊び仲間に落語好きがいたので、家を飛び出してからは寄席《よせ》にばかり行っていた。そして賭場や吉原《よしわら》に行かないときは、寄席に居着いて、そこでごろごろしていたそうです。昔の寄席は畳敷きで、お客が少ない時間などは寝転がれたということです（もちろん行儀の悪い客だけですが）。

そのころ、すなわち明治四〇年ころ、東京には各町内に一つは寄席があると言われるくらい、たくさんの場所にありました。東京市内、そして近郊を合わせると、一四〇ヵ所以上の寄席があったようです。

その後、一五歳で勘当《かんどう》されて家出、あとは放蕩三昧《ほうとうざんまい》……この世に落語という文化がなかったら、祖父は一体、どうなっていたことでしょうか。

落語の名人が関東大震災を語ると

大正一二年九月一日。関東大震災が発生します。東京は壊滅状態になり、祖父も三三歳で被災します。

私たちの世代は、小さいころから祖父母や近所のお年寄りから、この震災の話を聞いてきました。ただ、ウチが他所《よそ》の家庭と違うのは、その話を落語の名人から、臨場感たっぷりに「盛って」聞かされたことです。それも震災時の教訓とか備えということは一切なく、地震の恐ろしさ一点に絞って語る……祖父からしたら、どれだけ聴き手を恐がらせられるか、それが重要なのです。

それを名人の二人の息子（馬生、志ん朝）が共に聞いて育ち、さらに話に磨きをかけるものだから、その結果として美濃部家は、みな地震に対する恐怖心が非常に強くなりました。私も子供のころ、一度だけ、祖父の地震ネタ（落語としてもうネタ化してる）を聞いたことがあります。かなり短編でしたが、なにしろ地割れの話が怖かった……。

「後ろからガラガラ家が倒れてくるから、ウワーッと走って逃げてくと、ゴウーという音と共に、目の前の地面がバリバリバリって一間《けん》ぐらい割れて、一緒に駆け出してた人が、ウワー！　キャー！　って、バラバラ落ちてく。俺はスンデのとこで落ちずに済んだが、のぞくと底が見えねぇぐらい深い地獄につながってる。落ちた人たちが、あちこちにつかまって、助けてくれー！　て叫んでるけど、助けられねぇ。すると、こんだぁその割れ目がガラガラゴーゴー！　て閉まってくんだよ！　もう見てらんない！　悲鳴だけ聞こえて、みるみるうちに閉まって、最後はぴたってくっ付いちゃう……落ちた人たちは、ぺっしゃんこになって死んだんだ。俺ぁ、あの死に方だけはいやだね〜。だから、いまでも地面のなかにゃ、ぺったんこの骨がいっぱいあるはずだ」

——かいつまむと、こういう噺《はなし》。

父からもこの話は聞かされている。両者とも、この話の地割れに落ちていく人の様が、本当に迫力があって怖かった。

もちろん叔父・志ん朝もこの話を聞かされて育っているので、無類の地震嫌い。母が嫁いできてしばらくは志ん朝も同居しており、たまたま家に母と叔父しか居らず、そこに震度三か四の地震が……。

叔父が「ハルちゃん（母）逃げるよ！」と手を引き、玄関の戸板をはずして地面に置き、その上に二人で乗った。叔父は青くなって震えていたそうですが、母はおかしいやら恥ずかしいやらで、本当に困ってしまったそうです。

揺れが収まってから、母が「急に外に出ると、瓦《かわら》が落ちてきたりして危ないですよ。なんで戸板の上に乗るんですか？」と聞くと、叔父は「いや、そりゃ、地割れに落ちないように……」とのこと。

近年もいくつかの大きな地震が立て続けに発生しました。志ん生の噺にある、人を呑み込むような地割れは起きませんでしたが、たいへん大きな被害をもたらしました。しかし、災害を目の当《ま》たりにしても日本人の多くは冷静にその状況と向き合っていたように思います。ただ、仮に祖父や叔父が生きていたなら、それはもう混乱し、慌てふためいたのではないかと想像してしまいます。

蛇足《だそく》ではありますが、関東大震災が起こり、家の棚という棚から物が落ちて壊れたりするのを見た志ん生は、「てーへんだっ、東京中の酒が地面に吸い込まれちまっては、もってーねえ」とばかり、すぐさま、おりんさんから財布を取り上げ、酒屋に飛んで行きます。「お酒売ってください」と……そんなときは酒屋も大慌て、「割れて捨ててしまうくらいなら、好きなだけ飲んでくださいよ」だって。

こうして余震が続くなか、一升五合ものタダ酒を呑んだというから、酒の魔力は地震の怖さも忘れさせるほど恐ろしい。非常に不謹慎《ふきんしん》なお話ではありますが。

また、意味のわからない恐がりと言えば。

祖父の西日暮里《にしにっぽり》の家は、東京の下町にしては庭が広く、日当たりが良い家でした。したがって昼間は明るいのですが、夕方からは暗いまま、本当に真っ暗になるまで電気を点《つ》けませんでした。

祖父母は二人とも、なぜか電気を嫌い、そして恐がりました。二人は明治生まれ、親は江戸時代の人ですから、江戸の暮らしを子供のころからしていたせいでしょうか。

そして、何かというと、「感電する」「電気が火を噴く」という表現を使いました。「停電したら、冷蔵庫の線（コンセント）を抜いとかないといけないよ、電気が通ったとき、線から火が出るよ」と、こんな調子です。夕方、祖父母のいる居間は薄暗く、しんとしていて、とても不気味でした。

芸は大胆、でも私生活では自然災害を異様なまでに怖がる小心者。そして、いわゆる文明の利器を受け入れることの下手な、そんな祖父でありました。

玄関に弟子入り志願者が座り込み

実を言うと私は、いわゆる「ファザコン」です。父ほどいい男はいない、と未だに思います。私は三人姉妹の真ん中ですが、姉妹はみな、その傾向にあります。噺家のなかでも、父を悪く言う人はいません。

私は小さいときから、子供だからといって頭ごなしに何か強制されたことはありませ

馬生に稽古をつける志ん生

ん。後年、私は父が亡くなるまで付き人兼運転手兼マネージャーをしていましたが、いつもきちんと話を聞き、自分で考えられるよう、丁寧にアドバイスしてくれました。それは私たち子供に対してだけでなく、お弟子さんや家に稽古《けいこ》に来る他所のお弟子さんに対してもそうでした。

そんな父のところには、多くの弟子入り志願者がやって来ます。そうした人が弟子入りを断られると、玄関の外に座り込みをすることが、たびたびありました。

最初のうち、父は「ほっとけば、そのうち帰るよ」と言っていました。でも心配な私は、何度も二階の窓からそっと覗《のぞ》き、「まだいるよ」と報告します。そのうちに帰る人も確かにいるのですが、夜遅くなっても帰らない人がいました。すると父は、「まったく強情だねぇ」などと言いながら出ていって何か話すと、その人は帰っていきました。

父は、「人様の大事な倅《せがれ》をあんなとこに置いとくわけにもいかないだろ」と一言。その人が入門したかどうかは覚えていませんが。

通常、師匠の家に居るのは「前座」さんです。彼らは修業中の身。朝、師匠の家の掃除や稽古をして、寄席に出掛けていきます。寄席では出演する師匠がたの着物を畳んだり、お茶を出したり、師匠がたがかけた（噺《はな》した）演目を帳面に書いたり、太鼓を叩いたり……忙しく働きながら噺を憶えます。そうして噺家としての空気感や了見《りょうけん》（考え方）を学んでいくのです。

その前座さんが、家には、いちばん多いときで六人いました。お弟子さんの部屋は三畳間で、そこにたむろしているのです。そのうち窮屈になり、三人ずつ交代していたようですが。ちなみに住み込みの場合は内弟子と言います。

祖父の家は内弟子が常時、一人はいました。祖父と一緒に暮らしていたころ、夜はいつも妹と内弟子の部屋でトランプなどをして遊びました。のちに大師匠になられた方々ですが、いまはみな祖父のもと。楽しかった思い出です。

一方の父は、一〇代のころには志ん生の代わりに家族を養い、二〇代後半から多くのお弟子さんを育てました。引退後の祖父と弟子を含めて生活を支えるのは、並大抵のことではありません。しかも、落語協会の副会長として落語界を仕切ってもいました。

そのうえで自分の芸を磨き名人となり、落語界きっての持ちネタの多さを誇った。加えて、書と日本画はプロ級、日本舞踊は名取り。三味線《しゃみせん》小唄《こうた》や長唄も得意で、趣味は俳句。愛妻と俳句の話をしながら、ゆっくりお酒を酌《く》み交《か》わすのが何よりの楽しみ。そんな人でした。

いまでも父を江戸きっての粋人《すいじん》、と評する方がいらっしゃいます。数年前に落語評論家で作家の石井徹也《いしいてつや》さんが、『十代目金原亭馬生　噺と酒と江戸の粋』を上梓《じょうし》されていますが、父の仕事とスタイルが紹介されており、いまでもページをめくることがあります。現在の芸人さん全般も参考になると思っています。

紋付き袴で学校の面談に

ところで、現在の噺家には、普段から着物を着ている人をあまり見かけません。少々、残念なことではあります。みなさん洋装で、着物を持って楽屋入りし、着替えてから高座に上がります。

しかし父は、ずっと着物姿でした。紋付きの羽織《はおり》のときは、上にもう一枚、無地の羽織を重ね着し、楽屋で一枚スゥと脱いで、そのまま高座に上がりました。

志ん生も、馬生も、多くの噺家が、いわゆる「ハレ」と「ケ」のけじめを大切にしていたように思います。「ハレ」と「ケ」については後の章で説明しますが、「ハレ」は非日常、「ケ」は日常という意味です。

私が小学校の高学年のとき、進路相談だったのでしょうか、忙しくて学校に来たことがなかった父が、一度だけ先生との面談に訪れました。子供は同席しない面談。親が来ると児童が先生の待つ教室に案内し、児童は家に帰ることになっていました。

しかしクラスの数名の男子が、「美濃部の親父が来るんだろ」と、興味本位で残っていました。そこへ父が、衣擦《きぬず》れの音とともに、紋付き袴《はかま》姿で、光の当たる長い廊下を歩いてきました。見慣れている私の眼にも別世界の人のようで、迫力を感じました。

それを見た男の子たちは威圧されたのか、「わぁー」と声を上げて逃げていきました。

私は父を迎えて教室に導きながら、「なんで学校に紋付き袴で来たの？」と聞きました。あまりに場違いだと感じ、恥ずかしかったからです。

ところが父は、「先生に初めてお会いするのだから、正装でないと失礼だろ」と、意に介していません。すぐに教室に入っていきました。先生も、さぞ驚いたことでしょう。父が戻ってきたあと、成績のことなどが心配だったので、「何を言われたの？」と聞くと、「お嬢さんは、とてもよくやっています」とだけ言われ、すぐに面談は終わってしまったそうです。いま思えば、先生も、雰囲気に呑まれてしまったのでしょうか。

しかし日本人の正装と言ったら確かに紋付き袴です。

芸者衆と自宅でお座敷遊びを

先述の通り、「江戸の粋人」である父は神田《かんだ》の花柳界《かりゅうかい》が好きで、当然ながら遊びが上手でした。

かつて花柳界として栄えた神田で遊ぶと、帰りに贔屓《ひいき》にしている芸者衆を引き連れて賑《にぎ》やかに帰ってきます。そんなとき父はまず、芸者衆を連れて帰ることを電話で知らせてくる。母からしたら、そうした配慮はありがたかったと思います。

父は酔っていても抜かりはありません。神田からタクシーに乗ると、家は西日暮里なので、一〇分ほどで着く。すると私と妹は、たとえ寝ていても起こされました。そのころ姉

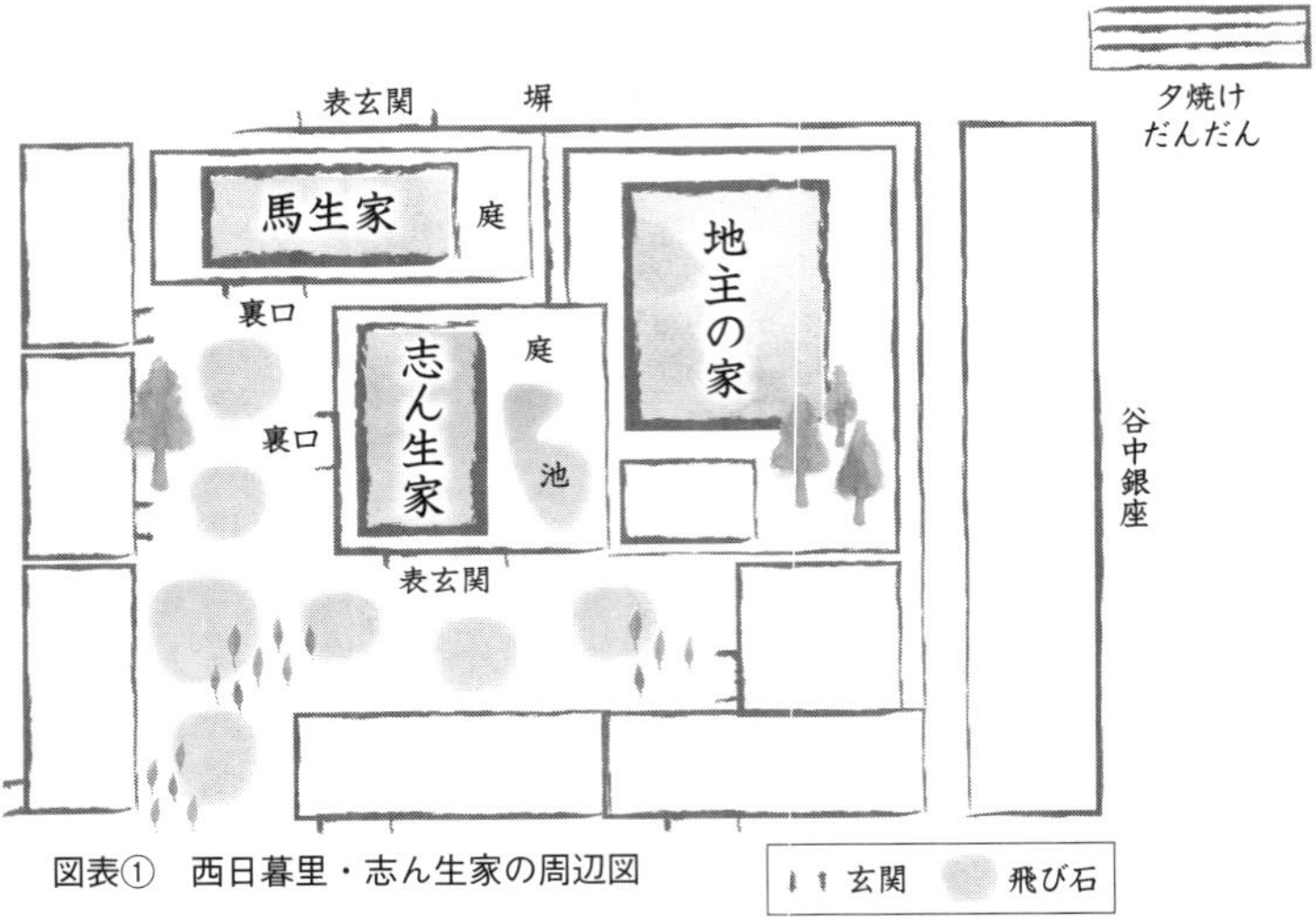

図表①　西日暮里・志ん生家の周辺図

はもう役者でしたので、あまり家にはおりませんでした。

母は、「芸者衆がお客様の家に行くと緊張するはずだから、家族みんなで歓待してあげましょう」と言うのです。簡単な酒肴《しゅこう》を用意していると、賑やかに、父たち御一行が帰ってきます。

「さなえ姉さん」と「きりこ姉さん」……いつもこの二人が一緒。彼女たちが入ってくると家中がパッと明るくなり、鬢《びん》付け油のいい匂いに包まれます。

宴会が始まります。普段は一日中チビチビと飲んでいてもまったく乱れず、物静かな父ですが、遊ぶときは楽しそうに、すごく陽気に酔います。二間を開け放し、床の間の前で代わる代わる踊ります。父が三味線と唄を。父が踊るときは「口三味線」でわいわい遊びます。

その艶《あで》やかなこと賑やかなこと、そして穏やかなこと。とても楽しい思い出です。年に数回でしたが、楽しみなお座敷遊びでした。

そんな父も、昭和五七年、病のため五四歳という若さで亡くなります。食道がんを患《わずら》っていました。

最晩年は、声が出づらくなったものですから、落語家としては大変な試練の時期となりました。それでも、家族たちには最後まで弱音を吐くことなく、江戸っ子の格好良さを持ち続けての旅立ちでした。自分の家の布団の上で家族に見守られながら。

先の矢野誠一さんは、父の死についてこう述べています。

「『死なれてみると』、というのは、誰もがつい口にしたがるいい方だが、金原亭馬生くらい、『死なれてみるとこんなに惜しいひとはいない』という言葉がぴったりする落語家もそういない。元気なときに、もっともっと大切にされなければいけないひとであったと、いまにして思うわけだが、もう遅い」（『志ん生のいる風景』）

私の恋人のような叔父さん

私の実家は、祖父と叔父が住んでいた家の斜め横隣でした。

ある日、そこの路地で遊んでいると叔父が通りかかり、近くにある「よみせ通り」のお菓子屋さんに連れて行ってくれました。そして、チョコレートを買ってくれた。その帰り道には、いつもは角で別れるのに、その日は「一緒に喫茶店に行こう」と、通りの喫茶店へ連れていってくれました。

重そうな（小さかったので、そう見えた）ドアを開けてもらい、喫茶店なるものに足を踏み入れると、一瞬、何も見えないと思うほど、なかは暗い場所でした。目が慣れると、壁に等間隔でランプ型の黄色っぽい電気が付いているのが見えました。天井には、やはり黄色っぽい明かりのシャンデリア……「ここは大人の世界なのだ」と思ったのを、よく覚えています。

するとウェイトレスのすごく綺麗《きれい》なお姉さんから、「志ん朝さん、今日はずいぶん可愛い子とデートなのね」と言われ、おませな私はウキウキしました。「これがデートというものなんだ」と。

銀色の足の長い器に丸く載ったアイスクリーム。クリームの帽子があり、真っ赤なサクランボが載っていました。大人になった気分にしてくれた初めての喫茶店……この昭和の体験は、生涯、忘れられません。

アルファロメオで谷中をドライブ

叔父の志ん朝は、志ん生が四八歳のときに生まれ、昭和三年生まれの兄である馬生とは、一〇歳も離れています。伯母たちとも一五歳ほど離れています。父や伯母は戦争以前から極貧生活を送り、一〇代〜二〇代で戦中や戦後の混乱期を過ごしましたが、叔父はそんな貧しさを体験していません。戦後の貧しさは日本国民全体として経験していますが、戦後すぐに志ん生が名を上げ、その後は何不自由なく暮らすことができました。

歳をとってから授かった末っ子。祖父母は溺愛《できあい》していましたし、父や伯母たちは、弟というより子供のように可愛がっていました。これは生涯、変わりませんでした。本当に仲の良いきょうだいでした。

そのためか叔父は、どこか大店の若旦那《わかだんな》のような雰囲気を持った人でした。

昭和で言うと映画「若大将」シリーズの加山雄三《かやまゆうぞう》さんのような人。私が小さいころ、す

西日暮里の志ん生家の縁側で家族と（右端が著者、左端は古今亭志ん朝、撮影は金原亭馬生）

でに噺家でしたが、テレビのドラマやバラエティ番組にも出演していました。本来は役者志望だったので、若いときは芝居のほうが好きだったようです。

それでも結局、噺家になったのは、「役者になりたい」という叔父と「噺家になれ」という祖父との間に父が入り、両方を立てておさめたからだそうです。「噺家をやりながら、芝居をやればいい」と。

一九歳で彼が噺家を決意したころ、志ん生は落語協会の会長。その若殿という「七光り」を嫌った彼は、八代目・林家正蔵《はやしやしょうぞう》（のちの林家彦六《ひころく》）のところへ一年以上、一日おきに通うなど、熱心に稽古に励みました。その結果、みるみる腕を上げ、二年後には二つ目にスピード出世を果たします。

そして、五年後には真打《しんう》ち昇進。親の七光りどころか、難しい評論家も舌を巻くほどの実力が認められてのことです。父親譲りの一徹さと元来の負けず嫌いな性格も手伝ったのかもしれません。

さて、思い出話です。車が趣味だった叔父は、昭和三〇年代、真っ赤なスポーツカーのアルファロメオに乗っていました。

ある日、叔父の駐車場の近くで遊んでいると、ちょうど叔父が車庫に来て、「ちょっとドライブするか？」と、車に乗せてくれました。近接する谷中《やなか》の町内を一周しただけですが、「じゃあね、仕事に行くから」と降ろされました。私は小さくて風景は見えず、空ばかりを見ていましたが、とても気持ちが良かったことを憶えています。私が大人になって車好きになったのも、その思い出があったからかもしれません。

落語家ならではの美意識

そういえば、祖父も父もいつも着物姿で、特に父の洋服姿は数えるほどしか見たことがありません。ただ実際、着物姿が本当によく似合っていたので、洋服を着た父は、あまり好きではありませんでした。

それに比べて叔父は、いつも洋服。それも子供心にも分かる、他の大人が着ていないような、格好いい洋服でした。大人になってからは冠婚葬祭、お正月、仕事くらいでしか会うことがなくなりましたが、いつ会っても、おしゃれで格好いい叔父ちゃんでした。

叔父は平成一三年一〇月、六三歳という若さで、惜しまれつつ亡くなりました。が、死ぬまでその格好よさは変わりませんでした。

叔父についても、矢野誠一さんが、以下のように書いています。

「古今亭志ん朝というひとは、父志ん生の落語家的日常生活感覚のなかから、落語家ならではの美意識とこころがまえだけは、しっかりと抽出《ちゅうしゅつ》して受けとめている。それが、格別にこころしてのものでなく、ごく自然な感性としてなされているところが、古今亭志ん生という落語家を忘れられないでいる世代のひとびとのこころに、あるやすらぎを与えているのだ」（『志ん生のいる風景』）

現在でも人気のある志ん朝の芸について、その評論はあまたありますが、祖父の芸との関係性を示す矢野さんの指摘は秀逸《しゅういつ》と感じます。

第一章

老いと健康

「生まれたってことは、いつか死ぬのは決まってんだ。
そしたら、どう生きるかだけを考えてたらいいじゃねえか」

① 長寿なんかに執着しちゃいけないよ

「具合が悪くもないのに検査なんぞで医者なんか行ったら、病気んなっちゃうよ」――志ん生の医者嫌いは筋金入りです。それは怖がりから来ています。地震や電気もたいそう怖がっていましたが、それと一緒です。

父(一〇代目・金原亭馬生)に聞いた話です。あるとき祖父のお尻に大きなオデキが出て、座るのも痛い。いやがる祖父を、知り合いの先生がいる大学病院に連れていきました。すると、その先生は手術をしないとダメだという。

病室に案内されると、その病室は二人部屋。先にいた人は手術直後で、鼻にはチューブが挿入され、腕には点滴の針が刺さっている。そんな姿を見て、祖父はすっかり怖くなってしまいました。なにしろ注射すらできない人なのです。

「俺を、こんなとこに置いていくのか! 帰る帰る! 俺を殺す気かぁ」と大騒ぎです。先生も困ってしまい、別の場所にある本院に個室が空いているから、そちらを手配してくれました。

「手術しなければ治らないから」と説得された祖父は仕方なく諦《あきら》め、車で向かっていましたが、その最中に気が変わり、「やっぱりダメだ！　俺は家ぇけえる！」……言い出したら絶対に人の言うことなど聞かない人なので、仕方なく、伯母は連れて帰ってきたそうです。

翌日、私の母が、「おじいちゃん、お尻を見せて」と、そのオデキをキューッとしぼったら、すごい量の膿《うみ》がピューッと飛んで、最後にはオデキの根っこのような塊《かたまり》が出てきました。そうして治ってしまったのです。

祖父はすっかりいい心持ちになり、ケロッとして言います。

「ほうら見ろ。手術なんざ、しなくって良かったじゃねえか。言わんこっちゃない」

ご機嫌で鼻歌かなんかを歌ってる姿を見て、家族はみな呆《あき》れて笑い出してしまいました。

こんな調子ですから、生涯で入院したのは高座で脳溢血《のういっけつ》で倒れ、そのまま救急車で運ばれたときだけ。さすがにこのときは三ヵ月半ほど入院していたそうです。その間も、息子の馬生に酒を買ってこいと言って困らせたり、どこで仕入れたのか、こっそりベッドの上で飲んでいたというから、さぞ医者を困らせたことでしょう。
実際、「週刊サンケイ」の昭和三九年一一月二三日号で、こんなことを言っています。
「三年前、巨人軍の優勝祝賀会に、余興《よきょう》をたのまれてしゃべっているとき、突然、気持ィわるくなってひっくりかえった。脳出血だった。血をガバガバ吐いて、新聞にも〝志ん生危篤《きとく》〟なんて出ていたが、心臓がひと一倍丈夫なために奇跡的に助かった。手足は不自由になったが、うまいぐあいに口はなんともない。かえって、芸に渋味が加わった、なんていわれるからありがたいね。（中略）
病気ィしてから、もう酒ともお別れかと思ったけど、酒ェのまないと、どうしても体の調子がよろしくない。腹ァ痛いときでも、一パイやるとおさまるから不思議だ」（『志ん生芸談』）
実は、この大病は彼にとっても相当にインパクトがあったらしく、余生については「おつりみてえなもんだ」と、よく語っています。もっとも、そのあと亡くなるまでの一二年も「志ん生流」の生き方は続きましたが。
人生、八〇年とも九〇年とも言われるこの時代。多かれ少なかれ、大きめの怪我《けが》や病気を経験される人も多いでしょう。そして、その後のこの「おつり」をどう過ごすかが、いまの私たちにとって大変重要なことだと思います。

幸いにも志ん生は、自宅に戻り、再び高座にも上がることができました。しかし、一度の怪我や病気が原因となって、長期に入院したり、自宅で家族の介護を受けることになる人も多くおられます。病気にならないよう日頃から自分の身体を気にかけることはもちろん、病気になったあとも自分のことは自分で始末できるよう、ある程度の体力を維持したいものです。

堅炭《かたずみ》を炬燵《こたつ》に入れて風邪を引き（志ん生）

祖父の例は極端ですが、昭和人は、滅多《めった》なことでは医者にはかからなかったような気がします。本当に手に負えなくなったときだけ医者に診てもらう、という人が多かったと。

子供のころに風邪をひいても、「玉子酒のんで寝ちゃいな」と言われ、実際そうすると二〜三日で治ったものです。昭和の中ごろには、夜間まで開いているドラッグストアなどありませんから、各家々で何とか対処していました。ちなみに、この玉子酒は、アルコールを煮切って作ってくれたので、酔ったりはしませんでした。身体が芯から温まり、とても美味しかった。ウチの玉子酒は、甘くなくて温かいミルクセーキのようでした。

また、熱が出るほどではないけれど、風邪のひき始めのときは、母の手作りの梅干しに熱いほうじ茶をかけて飲むと、元気になりました。

昭和の時代は、先人の知恵で健康を守っていたように感じます。

クスリを毎度の食事のように飲んだりしない。自分で調べもせずに身体を医者まかせにしない。そして、執着なく天命を悟る。志ん生の病院嫌いは、そんな潔《いさぎよ》さから来ていたのかもしれません。

② 好き嫌いがあって何がわるいんでぇ

志ん生は、まったくの偏食でした。

朝ごはんは、お酒をキューッと飲んでから、納豆とイクラでご飯三膳。後年、名も売れて外でお座敷がかかったときなどは当然お付き合いもありますから、寿司、てんぷら、洋食などもいただいていた様子です。天丼には、その上から日本酒を注いで茶漬け風に食べることもあったと聞きます。その一方で、とにかく野菜は大嫌いで、ほとんど口に入れません。絶対食べないのはサラダでした。

本人も昭和三九年一一月に掲載された「週刊大衆」のインタビューで、食べ物の好き嫌いを問われ、以下のように答えています。

「それがおおありなんでしてね。だいたいあたしゃあ、刺身とか塩から、納豆なんてエものが好きなんですよ。バタくさいものが嫌えでね。よくパーティーなんぞ呼ばれますがね、あたしゃ行きません。かわりのものをやるんです。だって食えねえんだから、仕方がねえや。いやなにも、西洋のものがいけねえと言ってるんじゃありませんよ」(『志ん生芸談』)

そう言いながら、西洋のものはライスカレーくらいしか食べなかったようです。もっとも、ライスカレーが西洋のものかどうか、話は別ですが。

また、漬けものは、とにかくダメで、父も伯母も不思議がっていましたが、異常なほどの嫌いようでした。

私たち家族が祖父と一緒に暮らしているころ、家族で鰻《うなぎ》をとって、私がお重をお膳に並べ、うっかり香の物の小皿をお膳の端に置いてしまったときのこと。いきなり祖父が大声で、「おおおおぅぅ！」と、奇声を発しました。そこでハッと気づき、「おじいちゃん、ごめんね」と、すぐに下げました。でも、まるで殺人鬼にでも出くわしたかのような態《てい》に、おかしくなって笑ってしまいました。すると「笑いごとじゃねぇ」と、目を三角にして怒っていたのを覚えています。

このような祖父の漬けもの嫌いは有名で、お弟子さんも本に書いています。祖父が倒れたあと、そのお弟子さんがおんぶをして仕事にいっていた時分の話。もちろん移動自体は車ですが、何かの買い物でデパートに行き、エレベーターに乗って地下へ。ドアが開いたら、そこは漬けもの売り場……大きな樽《たる》がいくつも置いてあり、漬けものが山と積まれていました。

そこに降りてしまった。すると、おんぶされた祖父は大声で、「逃げろー！」と叫ぶ。お弟子さんは祖父を背にして、慌《あわ》ててその場を去ったそうです。

鰻重《うなじゅう》に付いている小さな皿に載った漬けものを、大きなお膳の端に一つ置いただけで大騒ぎなのですから、お弟子さんも、さぞ怖かったことでしょう。

こんな野菜嫌いで漬けもの嫌いの祖父でしたが、天ぷらや煮物になった根菜だけは、なぜか食べていました。また、豆腐だけ、ネギだけ、ワカメだけといった、具が一種類の味噌汁は、毎日、食べていました。

このように、「食」に対しては、哲学も執着も、あまりなかったようです。食は細かったけれど食通で通った父とは正反対です。

しかし、いまにして思えば、志ん生の食のスタイルは、案外合理的だったのかもしれません。なぜなら偏食とはいえ、日本の風土に合った、自己治癒力を高める食材を食べていた、とも言えるからです。

根菜は、ビタミンやミネラルが豊富。植物の根ですから、様々な養分が集まっており、栄養バランスは最高です。綺麗な血液を作る素《もと》が豊富に入っていると言われています。

そして味噌汁の具。コンブやワカメ、他にも何十種類もある海藻……どれもアルカリ性で、ミネラル、繊維質、ビタミン、ヨードなど、身体に有効な成分が豊富です。高血圧を防ぎ、コレステロール値を下げます。腸を綺麗《きれい》にして便秘も解消、有害重金属の排泄も促します。もう、良いことだらけでしょう。

そして、大好物の納豆をはじめとする発酵食品は超健康食。発酵食品の良さはいろいろありますが、いちばん重要な働きは、腸内の善玉菌を増やすこと。それによって免疫力を高めます。

また、化学的な処理で作られたものでない、昔ながらの、醬油、味噌、酢、みりん、酒……これらは微生物と時間、そして人間が作り出す、最高の健康調味料ですが、祖父はいつも食していました。好き嫌いが大ありでも別に問題はなかったはずです。

こんな、日本人の知恵が詰まった発酵食品を、しっかり食べたいものですね。それも、化学薬品、防腐剤、殺菌剤の入っていない物を選んで。天然醸造の醬油や味噌などは少し高いですが、大事に使うと自然に減塩できます。味が薄いと感じたら、身体が喜ぶコンブで出汁《だし》をとりましょう。

まあ祖父は、こんな理論は皆目、見当も付いていなかったのでしょうが、次のような「正論」も吐いていました。

「日本人は昔っからこういうモンを食っていたんだ。江戸時代にサラダなんてもんはだーれも食ってやしないやね」

そんな祖父は、肉もあまり食べませんでしたが、食べるとすれば、すき焼きやケトバシ(馬肉)くらいでしょうか。それもたまに、誘われて行く程度だったと思います。実は肉を食べなければ、サラダのような生野菜はさほど必要ではないかもしれません。ビタミン、ミネラル、食物繊維などは案外、志ん生の通常の食事で、十分に取れていたのだと思います。

現在は、ファミレスやファーストフード店など、身近に手軽で美味《おい》しいものがあふれています。しかし、どちらかというと動物性脂肪の多い洋風のメニューが主流。古来、日本人が馴染《なじ》んでこなかった食物がどんどん体内に取り込まれています。それで、これまでは問題とならなかった病気、たとえば動脈硬化や大腸がんなどが発症するようになったと思われます。

ここは志ん生の食生活に学んで、和食、それも昭和の時代のメニューを積極的にいただくとしてはいかがでしょう。本来の日本人の身体にマッチした食生活にもどすことで、健康な身体が獲得できるはずです。

ビフテキで酒を飲むのは忙しい（志ん生）

さて、そんな祖父ですが晩年、伯母から薬と称して野菜ジュースを飲まされていました。緑のジュースです。おそらく青菜中心のものだったと思いますが、生の青菜なぞどんな味かも知らない祖父は、本当に薬だと思って飲んでいたのだと思います。不味《まず》そうな顔で、鼻をつまんで一気に――。

志ん生は、生涯こんな偏食を続けても、大した病気もせず八三歳まで生きました。最後まで独演会をやる気でいました。だからこそ、自宅の畳の上で大往生ができたのです。

人間にはその人に合った健康な姿、その人に合った生き方や死に方があるかどうかは分かりません。ただ志ん生の食生活は、自然治癒力を上げるものだったのは確かです。納豆など発酵食をよく食し、免疫力を向上させつつ、自分のスタイルを崩さない食事にこだわり、心にストレスを溜めませんでした。

どなたにとっても、自分に合った食事法があるはず。もしかすると、志ん生の食事スタイルに、それを見つける手がかりがあるのかもしれません。

膳の上どうでもいいわトマトなり（志ん生）

とはいえ、どうせ食べるのなら、多少の気遣いがあってもいいでしょう。最近は、野菜や果物など日々の食材に季節を感じなくなりました。冷凍だったり、外国からの輸入品だったり、一年中いつでも食べたいものが手に入る、そんな時代になりました。その便利さを否定はしませんが、昭和の時代がそうであったように、旬《しゅん》の季節に地元で採れた食材をいただきたいものです。

こうした旬の食材には、その季節に身体が欲しがる、必要な成分が、たっぷり入っているのです。地産地消は、昭和の時代には当たり前のことでした。

さて、志ん生一家が一番貧しい時代といえば、杉並区方南《ほうなん》に住んでいるころ。馬生が生まれて子供が三人になったというのに、席亭（寄席の持ち主）や師匠、あるいは仲間の噺家のことで様々にしくじり、仕事のお呼びがかかりませんでした。当然、稼ぎもありません。ほとんど噺家廃業のような状態でした。

食べていくには何か仕事をしなくてはならない。そこで「納豆売りをやろう」ということになり、納豆をたくさん仕入れました。なぜ納豆売りかというと、納豆が好きだから。自分が好きなら、きっと人も納豆が好きなはずという、ここでも自分中心の考えなのです。

ところが高座と勝手が違い、街中に立つと、納豆売りの掛け声が出ない、いい調子に呼び込みができない……その結果、毎日毎日、ただ納豆だけを食べる羽目《はめ》になりました。

行商の途中では、お腹が空いてくると飯屋に入り、ご飯を一膳頼み、自分の売っている納豆で昼を済ませる。それが続くものだから、ついに何度目かのときに飯屋から、茶碗が汚れるからよしてくれ、と言われたこともあったようです。商売の失敗は、納豆以外にも、醬油屋や荒物屋《あらものや》など、いくつもあったようですが……。

いずれにせよ、祖父の了見では、商売は無理だと思います。一芸に秀《ひい》でた人というのは、それ以外は何もできないものです。そのころも祖母が働き、家族を支えていました。しかし、志ん生が無類の納豆好きであったのは確か。祖父は生涯、ずっと納豆を食べていました。それこそ納豆協会から勲章をもらってもおかしくないと思っているくらいです。

③ 自分の身体のこたあ自分が一番よく知ってるはずだよ

「ええっ、お陰様で健康ですね、毎日、酒もタバコも美味《おい》しくて、食欲もあって、お通じもちゃんとしたもんです」——まさに、志ん生が言い出しそうな台詞《せりふ》です。

これが昭和の健康の決め台詞？　実際には、調子が悪くたって、多少のやせ我慢をしても、このような言葉を発していた人は多かったように感じます。

美濃部家でも、誰かの体の調子が悪くなると、こんなことを言っていたことをよく覚えています。

「自分の身体のことは自分が一番よく知ってるんだよ。どうしたいって聞けば、身体のほうから教えてくれるんだよ。あっちが痛い、こっちがしびれる。生きていれば、いろんなことになる。身体は死ぬまで休むことなく、戦ったり治したり働き続けてるんだ。調子が悪いんなら、養生《ようじょう》して労《いたわ》ってあげないとね」

身体のことは自分が一番よく知っている……その時々の身体からのシグナルを、しっかり受け止めることが重要なのではないでしょうか。健康維持の基本は自己責任と自己管理――これは、いまも昔も変わらないことなのです。

とはいえ、健康維持を自分の義務として課すことなどしないのが、志ん生流です。実際、祖父が定期的に健康診断を受けていたとか、かかりつけの医者に通っていたとか、そんな話は聞いたことがありません。それどころか、寝起きにお酒、そしてタバコをプカプカ。

さらには、先にも書いたように異常なほどの偏食。元来、身体が強靭《きょうじん》だったのかもし

タバコに火を点けるときは必ずマッチで

れません。だから志ん生が人間ドックなどに行ったら、「何も悪くねえ人の身体を勝手にこねくり回すんじゃねえ」くらいのことを言ったに違いありません。まずは身体と対話をすることから始めたいですね。

　タバコの話が出ましたが、志ん生は、お酒同様に、晩年までタバコとのお付き合いが切れませんでした。それこそ、かなり若いころからですから、七〇年は吸っていたことになります。そのわりには咽《のど》や肺の病気とは無縁。やはり頑健な身体の持ち主だったのでしょう。

　ちなみに、そのタバコに火を点《つ》けるのは、必ずマッチ。決してガスライターなど使わなかったのです。

　あるとき志ん朝がガスライターを使っているのを見て、「そんな危ないの、捨てちまいな」と言ったくらいで、本当に恐がりの心配性だったのでしょう。

そういえば、このマッチ、最近お目にかかることが少なくなりました。こんなことにも昭和が遠くなったと感じます。

さて、最近、多くの人が自分の健康を気遣って、スポーツジムに通ったり、ダイエットに励んだりしています。ストレスの発散になることもあるでしょうし、これはこれで、たいへん良いことだと思います。

ただ気になるのは、そのこと自体が義務となり、身体のシグナルを無視して無理を強いるようになっているのではないか、ということ。これでは様々な強いストレスが発生し、かえって身体に悪影響を及ぼすように感じます。

「こちとら、骨と臓物を肉でくるんで、一枚っ皮でくるりと包み臍《へそ》でギュウッとしばった、どこにも継ぎのない身体でぇ」――これは江戸庶民の威勢のいい啖呵《たんか》で、父・馬生が得意とした落語の一つ、「たがや」の一節です。

この啖呵で気づくのは、案外、人間の身体なんて単純な構成だということです。構成された一つ一つのバランスが崩れることで、不調を来《きた》すのが病だとすれば、その管理者である自分が身体に対して気遣いをするのは当然です。

寝冷えして留守番をする日曜日（志ん生）

それでもどこかが切れてしまったとき、疲れ果ててしまったとき、仕方ないので「継ぎ」を当ててもらいましょう。我慢にも程度というものがあります。何も志ん生のマネをする必要はありません。

ところで、志ん生には、古今亭圓菊《えんぎく》さんという弟子がおりました。この圓菊さんは、志ん生が昭和三六年の年末に読売巨人軍の優勝祝賀会での高座で倒れ、右半身が動かなくなって以降、数年間にわたって志ん生の外出時に「おんぶ役」を務めた方です。倒れたあとに奇跡的に復活し、高座に上がるようになってからはもちろんのこと、家から一歩でも出るときは、圓菊さんの背中が指定席となりました。

そして、家にお風呂があるにもかかわらず、近くの銭湯「世界湯」の一番風呂を、と我《わ》が儘《まま》を言うので、志ん生をおぶって連れていき、それこそ頭のてっぺんから足の指先までしっかり洗ってくれたのも圓菊さんでした。ですので「おんぶ真打ち」などと呼ぶ人もありました。

ちなみに、そのころの志ん生の高座は、自分で歩いて出てゆけないので、いったん緞《どん》帳《ちょう》を下ろし、圓菊さんら弟子が志ん生を座布団に座らせ、身体の支えになるよう講談用の座卓（釈台）を前に置き、再び緞帳を上げる、という変則的な登場となっていました。

その圓菊さんの著作『落語家圓菊　背中の志ん生　師匠と歩いた二十年』に、次のような記載があります。

「私が入ったころは師匠は六十三か四かな。ご飯のときはキューッと一杯飲むけど、もっとくれってていうようなことはしなかったですね。せいぜい二杯飲んで、ピシャッと止めちゃうという酒でした。そろそろあまり酒は飲んじゃいけねえなアっていうことを、心得だしてきたんじゃないかなアと思いますよ」

この年代になって、さすがの志ん生も、自分の身体に対して多少の気遣いを始めていたようです。それも大好きな酒をコントロールするということは、自分の身体にこれまでにない違和感や老いを感じていたのかもしれません。

さて、おんぶ真打ちこと圓菊さんは、背中にいる志ん生から、様々に薫陶《くんとう》を受けたのでしょう、昭和四一年、みごと真打ちに昇進、以降、人気落語家として落語会をリードする一人となりました。その傍ら、老人ホームや刑務所で落語を披露《ひろう》するボランティア活動も長く続け、それが評価されて厚生大臣や法務大臣から賞も授与されました。志ん生のおんぶ役が、圓菊さんのボランティア活動のスタートだったのかもしれません。

そんな圓菊さんも二〇一二年、惜しまれつつ他界。志ん生とほぼ同じ八四歳での旅立ちでした。きっとあの世で、再会した志ん生から、「早くおぶって風呂屋に連れていけっ」なんて、また我儘《わがまま》を言われているのかも。

④ ヨイショする人生はつまんねえよ

「うるせぇ！　当人がいいと言ってるんだ、これほどたしかなことはねぇ。人に迷惑かけるじゃなし、てめえがやりたくてやってるんだ、行きたくなったら行くし、やりたくなったらやるよ。人の生き方にいちいち口ぃはさむんじゃねぇ」

当人がいいと言ってるんだ——これくらいの心意気で生きてみたいものですね。

また「当人が嫌だって言ってんだ、これほど確かなことはないだろ」——志ん生の口からよく飛び出した台詞です。こんなロジックを自分に適用して生きた志ん生は、仕事でも家庭でも、対人関係でストレスを感じることは極めて少なかったと思います。

若くて極貧だった時代。それでも止めなかった、いわゆる三道楽、「飲む」「打つ」「買う」は、自分にストレスを溜め込まない、その大きな捌《は》け口だったのかもしれません。

噺はうまくとも、席亭には「ヨイショ」ができない。席亭とは寄席の持ち主、いわゆる興行主のことです。可愛がってもらえれば仕事をもらえる。一般社会でいえば、仕事をもらう取引先でしょうか。

ヨイショというのはご機嫌《きげん》を取ること。取引先の担当者に気が合わない人がいて、いつも嫌味《いやみ》を言われたりする……そんなとき腹が立っても、普通は我慢するものです。が、祖父は、そうなると席亭に挨拶《あいさつ》すらしない。当然、仕事に呼んでもらえません。

また、商売仲間のあいだでも評判が良くありませんでした。寄席で売れている先輩方にもヨイショができませんし、自分より芸が劣ると思っている師匠に対しては、生意気な態度を取ったりします。

楽屋では、そういう先輩方から「死神」と綽名《あだな》され、「きたねぇトバ着て陰気で、あいつが楽屋にいると、嫌な気分になるね」と嫌われてしまいました。「トバ」とは、着物のことです。実際に志ん生は、着物にも頓着しない人でしたから、いつもヨレヨレの着物

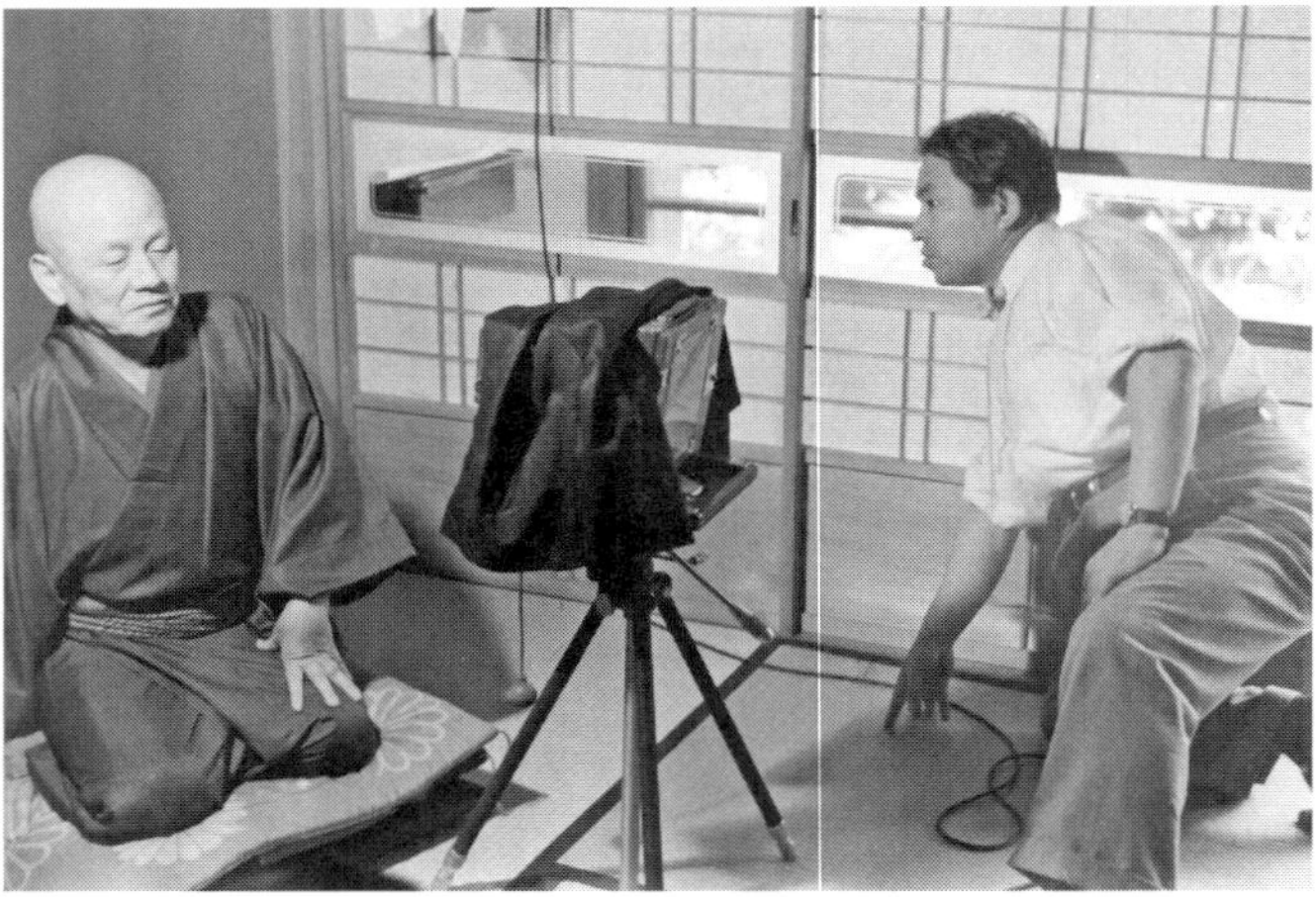

志ん生の撮影に臨む土門拳（撮影は金原亭馬生）

……かなり清潔感に欠ける部分もあった様子です。貧乏で買えないのが最大の原因ですが。

こんな風だから、先輩師匠が他の仕事で口を利《き》いてくれることもありませんでした。生涯、席亭にも仲間にもお客様にも、ヨイショをしない生き方は変わりませんでした。

歳をとって自分が売れっ子になり、落語協会の会長という立場になってからは一目置かれるようになりましたが、若いころはこんな風ですから、仕事がまったく来ないのです。それで時間があるものだから、余計に「飲む」「打つ」「買う」に精を出す……そんな悪い連鎖から抜けることができない。けれども当人は、へっちゃらでした。

もう押しも押されもせぬ大御所になってからも、こんなことがありました。

当時、日本を代表する写真家の一人が土門拳《どもんけん》さん。その代表作『古寺巡礼』などは、いま見ても素晴らしい写真集ですが、その土門さんが祖父の写真を撮ろうと家に来られたときのこと。祖父は何だか分からないけれど機嫌が悪い。土門先生が来たからではなく、その日はとにかく機嫌が悪かった。どんな高名な方が来ようと関係ないのが祖父。相手にお構いなし。いまで言えば、まったく空気を読めない、否《いな》、読まない奴。

土門先生も、ご自身の芸術に一徹な方とお聞きしていました。先生はカメラをセットし、じっと黙って、来るべき瞬間を待っている。祖父も黙って横を向いたままで約一時間。そうして先生は、パシャッとたった一枚だけお撮りになり、サッサとお帰りになったそうです。確か先生の『風貌』という写真集に載っているはずです。

居合わせた父・馬生は、若い時分は写真家志望だったので、土門先生が来られると聞いて仕事先からまっすぐ帰り、その光景を固唾《かたず》を呑んで見守っていました。その様子を自らのカメラで撮ってもいます。

助六は江戸紫を宣伝し（志ん生）

ヨイショはしないが芸は精いっぱい努めた

相手が誰であろうが、仕事がなくなろうが、生活が苦しくなろうが、我慢せずに我を通す。これで対人関係ストレスなし。でもこれは、自分の芸や仕事に自信があってのこと。後先考えずに我を通す前に、自分の能力と相手のポジションを推《お》し量《はか》ることも必要でしょう。一定のポジションを得るために自分を磨くことは、ストレスを低減することに繋がるのではないでしょうか。

我慢して付き合うと非常にストレスがかかりますが、自分を磨くためと割り切りましょう。その人物や状況を客観的に見ているだけでいい。無理にヨイショをする必要はないのですから。

ちなみに、祖父ほど極端ではありませんでしたが、父の馬生、叔父の志ん朝ともに、ヨイショが得意な人ではありませんでした。

それだけ勝手気ままな志ん生ですが、故事を引いたりして、芸ごとへの取り組みにおいて我慢することの重要性を、著作ではたびたび語っています。

昭和三二年二月の雑誌「評」では、赤穂浪士《あこうろうし》の事件を例にとって、こう語っています。少々長くなりますが、志ん生の生き様をとことん表していると思いますので、引用します。

「主人の仇《あだ》を討って、四十何人が腹を切ってしまうですね。そういう結果になっちゃう。それはちょっとのことなんです。ちょっとのところを、ヤッとがまんしてしまえば、ああごもっとも、あなたのいう通りですといってしまえば、別になんでもない話なんだが、それを武士の何とかいってやって、それが刃傷《にんじょう》になっちゃうのです。人間というものは、抜いて向うに斬りつけたら、もうおしまいなんだから、落語なんぞも、ああそうですかと、やわらかくいって向うを慰める手もあるしするのですよ。フナといわれようが、何といわれようが、かまやあしない、いやフナですよといっておればいい。それをちょっとしたことのために、ヤッとやっちゃった。そのあとは自分だけじゃないのだからな」（『志ん生芸談』）

このころは、志ん生もさすがに七〇歳近くになり、落語協会会長という立場になり、このような了見になったのかもしれません。若い頃から「ああごもっとも」という気になれていたなら、贔屓筋《ひいきすじ》も応援してくれ、もっと仕事が取れ、あんな貧乏暮らしはなかったのかもしれません。でもそれでは名人・志ん生にはなれなかったでしょう。

人間関係の難しさは、多くの方が身に染みていることでしょう。志ん生ですら後年、落語は我慢しなければ決して成功はできない、そうしみじみと語っているのですから。

⑤ 自分の役目なんざあ、歳とってくると自然と分かるもんだよ

一日二四時間、一年三六五日、歳をとるのは、みな同じ速度。その時その時で、楽しいこと辛《つら》いこと、いろいろあるのが人生。ただ、おんなじように生きてたら飽きちゃう。

無論、当人のなみなみならぬ努力があってのことですが、父や叔父は、比較的若くして芸を自分のものとし、四〇代のころには、人気・実力とも評価される噺家となっていまし

た。しかし、五〇歳を過ぎてからやっと日の目を見たのが、祖父・志ん生です。

いろいろ遠回りした感はありますが、二〇歳で入門してから約三〇年、それこそ四六時中、落語のことばかり考えていたようです。そして強情で、人の言うことは聞かないけれども、自分なりに芸風を様々に変えるなど、工夫《くふう》に工夫を重ねました。特に大きく変わったのは、当時の満州から帰ってからだそうです。そして売れた。

このとき祖父が渡った満州では、餓死しても凍死してもおかしくない状況もあったと聞きます。さらには、ロシア兵に殺されそうになったが、すんでのところで助かったり、絶望のあまり自殺しようと手に入れたウォッカを六本がぶ飲みしたり……でも、そのときは気を失っただけで、二日くらいすると正常に戻ってしまったそうですが。このあたり、やはり祖父は頑健な肉体を持っていたのでしょう。

しかし自殺の方法に選んだのがウォッカの爆飲とは、いかにも、ですが、祖父にしてみたら、生きるか死ぬかという瀬戸際、真剣だったのだと思います。そのため好きな酒を選んだ……。

そんな辛い経験を経て何とか日本にたどり着き、その後は落語一心で生き抜いた。祖父にとっては、そのような戦争や満州での経験が、芸風に大きく影響を与えたのだと思います。

玉の輿《こし》のりそこなって手鍋さげ（志ん生）

人にはそれぞれ、この世での役目みたいなものが必ずあると言われています。世間でいうところの成功とか、そうした表面的なことではなく、その人にしか分からない役目です。

志ん生にとっては、落語を演じ、多くの人を喜ばすことが役目であったのではないかと思います。それゆえ本人は、まるで落語そのもののような体験をし、辛く苦しい思いをしてきたのではないでしょうか。それが花開くタイミングが五〇歳だったのでしょう。

それに気づくまで、いろいろな事象が人生に現れます。若いころはあまり感じませんが、歳を重ねると、その正体がだんだん見えてきます。それは仕事だけとは限りませんが、この世での役目を見つけると、心から充実感に包まれるはずです。

祖父・志ん生は、まさに大器晩成。五〇歳を越えてから、這《は》いずり回って、その役目を見つけました。

孔子《こうし》の有名な言葉に、「吾十有五にして学に志す、三十にして立つ、四十にして惑わず、五十にして天命を知る……」がありますが、まさに天が授けた仕事としての落語を自分のものとしたのが、五〇歳だったのです。

志ん生は、「噺家は五〇歳からそれらしくなる、それまでは人間に味が出ていない」と考えていました。実際に、昭和三九年、NHKが収録した画家の鴨下晁湖《かもしたちょうこ》氏との対談では、こう語っています。

「年輩になンなきゃ、どうしても、できませんよ、こういう噺（人情噺）は、ええ。若いもンがねえ、江戸の――なんていったってねえ、客が聞きゃしませんからねえ。何いってんでエなんていわれるんだ、ええ。まあ、何年も――私しゃ、ちょうど日露戦争で噺家になって、何年も何年もたったので、まあ、こういう噺が、ヘタながらもやれるんですがね。若いもンにゃ、とっても、そりゃ、できませんよ、ええ。それが、つまり、噺の、その人間の値打ちですね、ええ」（『志ん生伝説』）

芸事にしろ、仕事にしろ、じっくりと経験を積むことで、若いころには打ち出すことができなかった価値を示すことができる。そうして、それがその人の評価となる。志ん生のこの言葉からは、長く評価されなかった時代を修行の期間として、むしろ肯定的に捉えている感じさえします。

ワインやチーズ同様に、人間にも熟成期間があり、その期間によって人間味や佇《たたず》まいに変化が現れるのかもしれません。その熟成期間は、ただ長ければ良いというのではありません。素材と置かれた環境によるとすれば、志ん生の熟成期間は四九年か五〇年が好適だったのです。

もっと短い人や長い人がいても当然でしょう。でも、ワインが概《おおむ》ねそうであるように、寝かす期間が長ければ長いほど、旨みは増します。

ああ、若いときにやっていれば良かった、などと人は考えてしまうものですが、年齢を経て初めて価値が見えてきたり、向き合い方が分かったりすることは多いのです。歳を言い訳にしない生き方——これもまた、志ん生流と言えるのではないでしょうか。

いずれにせよ歳をとるって、とても素敵なことだと思うのです。

悪い事皆村正のセイにされ（志ん生）

第二章

家族と世間

「考えこむなよ、世の中すいすいお茶漬けさらさらだよ」

⑥ 親は子を選べないけど、子も親を選べないんだよ

「親はやだね〜、子供が生まれ『おとっつあん』って呼ばせて育てたら、物心ついたころには、『あー、俺がおとっつあんなんだ』と子供が思って、立派なオヤジになるんじゃないかい」などという、ばかばかしい小噺《こばなし》があります。

私の父、馬生の十八番《おはこ》の一つ「初天神《はつてんじん》」、縁日《えんにち》の出店《でみせ》で買い物をねだる子供が親を言いくるめる話のマクラ（噺に入る前の導入部分）によく使われる小噺ですが、これを地で行ったとしか思えないのが、その父、志ん生です。

昭和一四年にドイツがポーランドに侵入して第二次世界大戦が始まり、すると多くの落語家は、駐屯地などに慰問に出かけました。身体が弱くて予科練の試験に落第した父でしたが、そんな父を祖父が噺家に育て、二人でたびたび慰問に行っていたそうです。

次第に戦争が激しくなると、東京にも爆撃機が頻繁《ひんぱん》にやって来ます。恐がりの志ん生は、空襲が始まると一人で家を飛び出し、外を逃げ回ったそうです。その挙《あ》げ句《く》、迷子に

なるものですから、家族が探し回り大変だったと、父・馬生から聞かされました。

そんなとき、「満州では人々が落語家の来訪を待っているので行かないか？」という誘いがありました。満州には空襲もない、景気がいいし酒も飲める、何より高座に上がれる……普通の感覚だと、家族を残して行くことを躊躇《ためら》うはずなのですが、勝手な祖父は、一～二ヵ月の興行ということもあり、さっさと行ってしまいました。

ところが、祖父が行ってから暫《しばら》くすると、満州にもソ連軍が攻めてくる。そしてまた暫くすると終戦。日本同様に満州も相当な混乱ぶりで、そうは簡単に帰ることもできない。結局、命からがら日本へ帰って来られたのは、なんと二年後でした。その間、日本に残る家族とは、まったく連絡もつきませんでした。

終戦後の荒れ果てた国土で、人々は食うや食わずの生活を強《し》いられましたが、そういうときこそ笑いが必要と、寄席は早々と興行を始めました。そうして帰国して間もない祖父も、高座に上がるようになったのです。

それは父・馬生が一七歳のときのこと。このころ父は、満州で行方不明になった祖父に代わって家族を養うため、たいへんな苦労をしていたそうです。でも、こういう辛い経験をしたからこそ、志ん生にはできない、深みのある「人情噺」ができるようになったのです。人生に無駄な経験なしですが、それも志ん生のおかげ、と言っても過言ではないのかもしれません。

後年、祖父も、こんなことを書いています。勝手な話ですが。

「人間が苦労をするということは薬ですよ。だから、親が子供に金を残すなんていうことは、あたしは大不賛成だね。親は、子供に借金を残すくらいでなきゃ、その子供はしまらないですよ。親が死んで初めて、子供ってえものは、こりゃ大変だって気を取り直すんですから。

親が残せば、当分いいやってんで、やっぱり駄目になっちゃうんです。まあ、金を残すということを随分考えてる人があるけど、あたしたちゃ、そういうことは考えないや、死ぬ時は一文なしで死にたいと考えてますよ」（『志ん生芸談』）

自分が苦労したんだから子供も苦労したっていいじゃねえか、とでも続きそうです。

朝帰り女房言葉が改まり（志ん生）

ところで、志ん生と自分の子供とのエピソードで忘れられないのが、自分の娘を勝手に他人の養子にする約束をしてきた事件です。

当時、落語界で友人と呼べるような仲間などほとんどいない祖父でしたが、唯一といっていいほど仲が良かったのが、いまだに名人の誉《ほま》れ高い八代目・桂文楽《かつらぶんらく》。当時、良きライバル関係と言われたようですが、文楽には、お金のこと、あるいは他の落語家や席亭との揉《も》めごとなど、様々に、しかも一方的に、お世話になっていました。

その文楽のところには子がない。そこで、勝手に、自分のところの次女を養女に出す約束をしてしまったのです。家族への相談なんて何もなし。当然、妻・りんは大反対。それを強引に押し切って、ついに文楽の家に向かうその日がやって来ました。

ところが文楽宅へ向かうその道の途中で、当の次女の喜美子《きみこ》が、しゃがみ込んで大泣き。そこからまったく動かない。そりゃそうですよね。「今日から知らないお家の娘だよ」と言われて、喜んで付いていく娘はいません。祖父も困り果てて、自宅に連れて帰り、結局、養女の話もご破算になったそうです。

本当に自分の子供に対する愛情のようなものが心のなかにあったのか……大疑問です。

家族や親子との関係……これは人付き合いのなかでも特に厄介《やっかい》なものですが、家族でも自分とは別の人なのだと見方を変えることで、問題が解決する場合があります。たとえば次のように。

子供に対して、「ねばならぬ」という押し付け癖は捨てる。子供や家族は自分ではないので、その心のなかが分からなくても当たり前と考える。一人一人別の人生があるのだから勝手に決めつけず、同じ人間の仲間として受け入れる。

大切なのは、子供を一人の人間として信用すること。相手をとことん尊敬することではないでしょうか。自分も含め、すべて人は唯一無二な存在であるからです。

志ん生自身は、自戒も込め、その著書『なめくじ艦隊』でこんなことを書いています。

「あたしの子供時分のことを、いまじっと目をつむって考えてみますと、人いちばいきかん坊だったたし、それにサムライあがりの親父がきびしすぎたもんだから、家てえものがあんまり居心地がよくなかった。そのために自然そとへ出てブラブラする。おまけに浅草みたいな土地で、ロクでもない人間がウヨウヨしていたんで、知らずしらずそういうものからよくねえ感化を受けちゃって、ズルズルと道楽もんの世界へ足をふみこんでいっちゃったんです。

親父がきびしいことも、おふくろが甘いこともほどほどでなくちゃいけないし、子供のころの環境てえものは、考えてみるとおそろしいものだナと、つくづく思ってますよ」

これは年をとってから書いた物ですから、この様な了見になったのでしょう。

ですから、四八歳になってからできた次男・強次《きょうじ》、のちの志ん朝のことは、それこそ溺愛《できあい》していました。

祖母のお腹が次第に大きくなってくる。もう、嬉しくてしょうがない。落語に身が入らないというわけではなかったと思いますが、臨月を迎えるころ高座では、しょっちゅう「桃太郎」をやっていたようです。それも多い日には三度も。これは、昔話「桃太郎」で、子供を寝かしつけようというお父さんを逆に子供がやり込める、という噺。生まれる前から志ん朝に対しては、親ばかを発揮していた、というわけです。

志ん生とおりんと孫（おりんに抱かれているのが著者）

　ちなみに、祖父は志ん朝の誕生を旅先で知りました。最後の師匠であり、家も近く、様々に大変お世話になった、初代・柳家三語楼《さんごろう》師匠からの電報です。

「コドモハグンジンダヨアンシンオシナ」(子供は軍人だよ、安心をしな)

さらに、そのあとご丁寧に「強次」という名前を付けたとの手紙が届きます。叔父・志ん朝の名付け親は、三語楼師匠だったのです。

おそらく戦時中ということで、このような名前を付けてくださったようなのですが、勝手に師匠が名前を付けても、親がそれを喜んで受け入れるなんて、いかにも昭和らしいですね。

ところで、昨今、親による子供への虐待事件が後を絶ちません。残酷な顚末《てんまつ》が報道され、多くの方が心を痛めているのではないでしょうか。

志ん生はというと、どんなに厳しい経済環境にあっても、子供に手を上げたりしたことはありませんでした。

精神的に虐待するなどということも、一切ありませんでした。

最近の児童虐待のニュースを目《ま》の当たりにしたら、志ん生はなんと言ったでしょうか。

「そんな親は、人の道から破門だね」くらいのことは言ったでしょうね。

⑦ 家族だからって反りが合わないもん同士が付き合うと幸せになれねえよ

一〇〇人いれば一〇〇通り、誰もが知ってることなのに、家族となると忘れてしまう。親子や兄弟でも、こうも自分と違うかと驚かされる経験は、誰にでもあるはず。ならば、家族のことでも他人事《ひとごと》さ、あまり気にせず笑っちゃいましょう。

噺家はよく「それじゃあ〇〇だよ」と、落語の噺にたとえます。親子で性格や考え方がまったく違い、嚙み合わない。家族なのに、一緒にいるのが苦手な間柄。こんなのは、よくあるものです。

でも、子供が独立するまでは一緒に暮らさなければなりません。嫌だと思ったときは、悩まず「こりゃ『初天神』だよ」と笑い飛ばしてみましょう。誰も悪くないのだから。

祖父と曽祖父《そうそふ》も、落語の「初天神」の主人公たちのように、まったく性格が違ったそうです。志ん生の親父は、もと旗本で風流な人ではあったが、武家の堅い人間。それに引き替え志ん生は、子供のころから賭場通いの大酒飲みで、やくざな生き方をし、親の金をすべて盗み出して家出をしたきり、家族の死に目にも会うことなく生涯を終えた。けれど、家族だからという理由だけで反《そ》りが合わない人間同士が無理して付き合っていると、そのうちの誰も幸せにならない、そんな理《ことわり》を心得ていました。

自分の父親が亡くなった知らせを聞いたのは、志ん生がひどい貧乏の真っ最中。知らせの人を借金取りか何かだと思い、実は逃げてまわっていた。その死を聞いたあとも、落ちぶれた姿を恥じて、葬式に顔を出せなかった。やっと顔を出したのは、自分の父親が住んでいた長屋のご近所さんたちが葬式を出し、納骨をしてくれたあとでした。

しかし曽祖父も祖父も、人生を精一杯生き切りました。二人とも後悔はなかったと思います。ただ、無理して一緒に暮らしていたら、結果として志ん生という天才落語家は生まれなかったのかもしれません。

志ん生が最後に家を出るとき、武家出身の曽祖父は怒り心頭で槍《やり》を振り回したものだから、逃げてそのまま帰らずの家出でした。戻っていたらきっと刃傷沙汰《にんじょうざた》になっていたことでしょう。

晩年の志ん生にとって、私の父・馬生は、落語のライバルでもありました。私は、祖父が病気で高座に出られないこともあり、活躍する父に対し嫉妬《しっと》していることを感じていました。先日、あるお弟子さんから聞いた話もその一つです。

その方は、もう大師匠となっておられますが、前座時代に「おまえ、稽古《けいこ》をつけてやる」と言って、祖父が回らなくなった舌で稽古をつけていました。そのとき父・馬生が来て、「おやじさん、稽古は俺がつけるからいいよ」と言ったそうです。すると祖父・志ん生は、「てやんでぇ、まだおめえにゃ負けねえ」と小さな声でつぶやいたそうです。親子といえども二人の噺家はライバル同士だったのです。

ところが長男・馬生をライバル視していたのとは対照的に、五〇歳を前にできた次男・志ん朝にはめっぽう甘かった。当の志ん朝は、雑誌「現代」一九七九年七月号で、こんなことを語っています。

「噺家になって、前座時代のころでした。まだ二十歳《はたち》そこいらでしたでしょうね。ま、よく遊びほうけておりまして、酒はひと晩に一升は軽く飲む、そして、その足でバクチを打ちに行く。金もなかったんですが、なぜかもてましてね、おつき合い願っていた女性も、常に五、六人はいましたかねえ。

家なんて一週間に一度帰ればいいほうで、酒、女、バクチの三拍子そろった毎日を送っていたわけです。

当時は、親父も親父で六十歳も半ばを過ぎているのに一週間に一度ぐらいしか家に帰ってきませんでしたから、寄席の楽屋などで、たまに顔を合わせると、

『お久しぶりで、お元気ですか』――。

ところがある日、私の顔をみるなり、

『おふくろが心配しているぞ』

と、ぽつりひとこと。本当は、道楽息子にキツーク言いたかったんでしょうな。でも、自分も歩んできた道だけに強い態度には出られない。それで、『おふくろが……』といったんですね。

このひとことがこたえました。以来、遊びも少しセーブして、噺の勉強に力を入れるようになりましたよ。ガミガミということのなかった親父だけに、『親父も俺のことをやっぱり心配していたんだな』と、考えさせられたんですね」

同じ息子でも、貧乏時代を経験し、自分に代わって家族の面倒を見させた馬生と、何不自由させなかった若旦那的な志ん朝。ほとんど稽古をつけてやらなかった馬生に対し、志ん朝にはそれなりに稽古もつけた。対照的な兄弟ですが、のちにそれぞれに光り輝く名人となりましたから、志ん生の二人に対する教育は、結果的には正しかったのでしょうね。

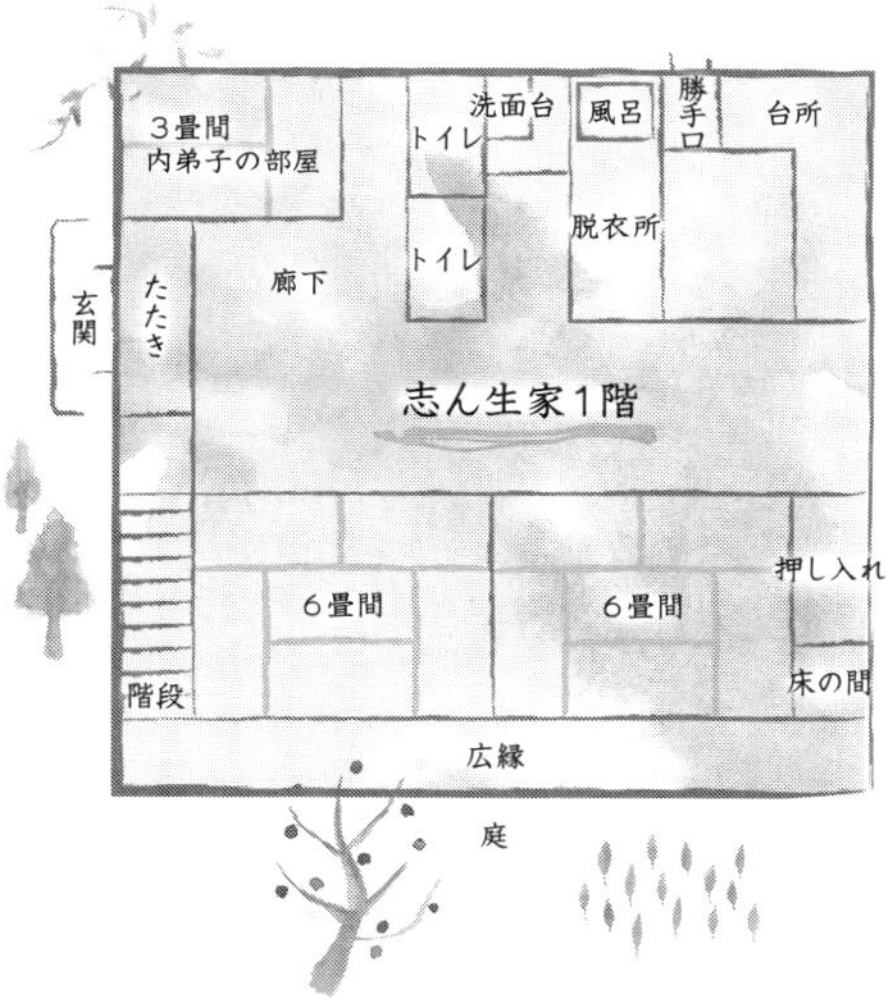

図表②　志ん生家1階の間取り

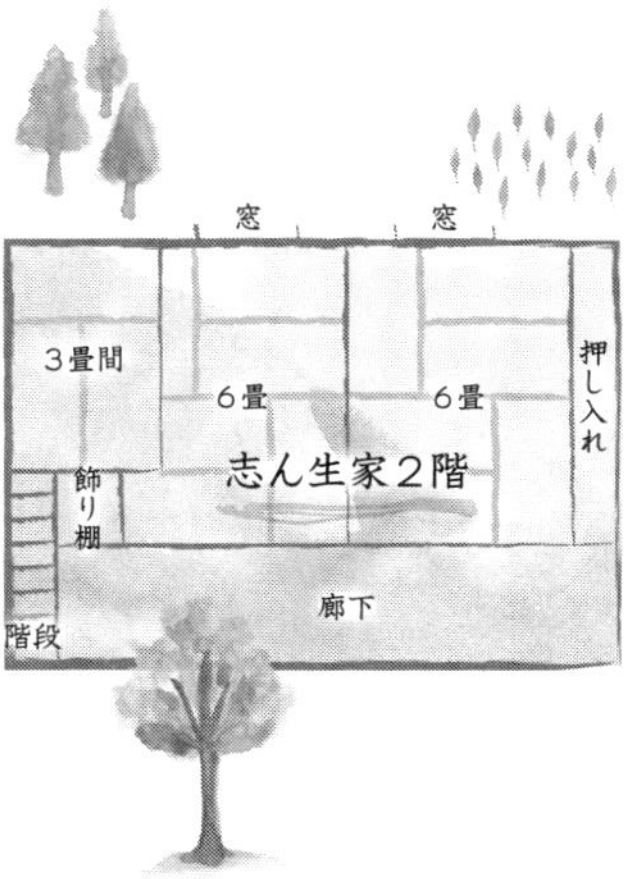

図表③　志ん生家2階の間取り

蛇足《だそく》ですが、ある日、ラジオから落語が流れてきた。それを聞いた志ん生、「志ん朝も上手くなりやがって……」と目を細める。でも、実はその声は、録音された志ん生本人のものだった。志ん朝が、父・志ん生をお手本に稽古を積んだことが分かる逸話《いつわ》です。

志ん生が亡くなり、その大名跡《だいみょうせき》を継ぐのは志ん朝だと、本人も周りもそんな雰囲気になっていましたが、結局、その志ん朝は早世し、実現しませんでした。このことは本人はもちろん、天国の志ん生や馬生にとっても、無念なことであったろうと思います。

一方、志ん生は、妻・りんに対しては、口には出すことがなかったけれど、相当のリスペクトをしていたようです。貧乏のどん底で、ほんとうに食うや食わずの生活。旦那の稼ぎが悪いうえに、稼ぎがあると必ず外のどこかで使ってきてしまう……生活は、りんの内職で成り立っていたようなものでした。その、りんについて、こんなことを言っていました。

「女房にしてみりゃア、好きで働いているんじゃない、家の生活のために仕方なく働いているんだから、あたしとしちゃア文句のいえた義理じゃない。申し分けないと心の中じゃ思っていましたよ」（『なめくじ艦隊』）

郵便はがき

料金受取人払郵便

小石川局承認

1889

差出有効期間
2019年11月30
日まで

112-8731

東京都文京区音羽二丁目
十二番二十一号

講談社　第一事業局

講談社+α新書係　行

★この本についてお気づきの点、ご感想などをお教え下さい。
(このハガキに記述していただく内容には、住所、氏名、年齢などの個人情報が含まれています。個人情報保護の観点から、ハガキは通常当出版部内のみで読ませていただきますが、この本の著者に回送することを許諾される場合は下記「許諾する」の欄を丸で囲んで下さい。

このハガキを著者に回送することを　許諾する　・　許諾しない)

TY 000050-1809

愛読者カード

今後の出版企画の参考にいたしたく存じます。ご記入のうえご投函ください（2019 年 11 月 30 日までは切手不要です）。

お買い上げいただいた書籍の題名

a　ご住所　〒 □□□-□□□□

b　お名前《(ふりがな)》

c　年齢（　　　）歳

d　性別　1 男性 2 女性

e　ご職業（複数可）　1 学生　2 教職員　3 公務員　4 会社員（事務系）　5 会社員（技術系）　6 エンジニア　7 会社役員　8 団体職員　9 団体役員　10 会社オーナー　11 研究職　12 フリーランス　13 サービス業　14 商工業　15 自営業　16 林漁業　17 主婦　18 家事手伝い　19 ボランティア　20 無職　21 その他（　　　）

f　いつもご覧になるテレビ番組、ウェブサイト、SNS をお教えください。いくつでも。

g　お気に入りの新書レーベルをお教えください。いくつでも。

良いことがあると双親思い出し（志ん生）

ところで、私が生まれたときから、家にはたくさんのお弟子さんがいました。父が一番弟子をとったあと、どんどん増え続け、多いときには二〇人近くいたような気がします。しかし、多くの人が辞めたり破門になったりしました。ただ、噺家になろうと思うような人ですから、みな個性豊かです。子供時代に、これほど多くの大人と長い時間を過ごす環境は、そうはないのではと思っています。

そのような環境のなか、私は「十人十色《じゅうにんといろ》、同じ人など絶対にいない」と感じ、一人一人の個性の大切さを当然のこととして育ちました。

弟子や一門に対する噺家の考え方は、それぞれ違います。美濃部家の場合は、祖父が若い時分に家出をし、兄弟や両親の死に目にも会えず天涯孤独《てんがいこどく》だったこともあり、家族意識が強く、固い絆《きずな》が感じられました。

祖父も歩けて元気なころは、古今亭や金原亭の一門全員で、お墓参りに行きました。賑やかで楽しい思い出です。お正月には、祖父の家の床の間の前に、お雛様《ひなさま》を飾る大きな雛

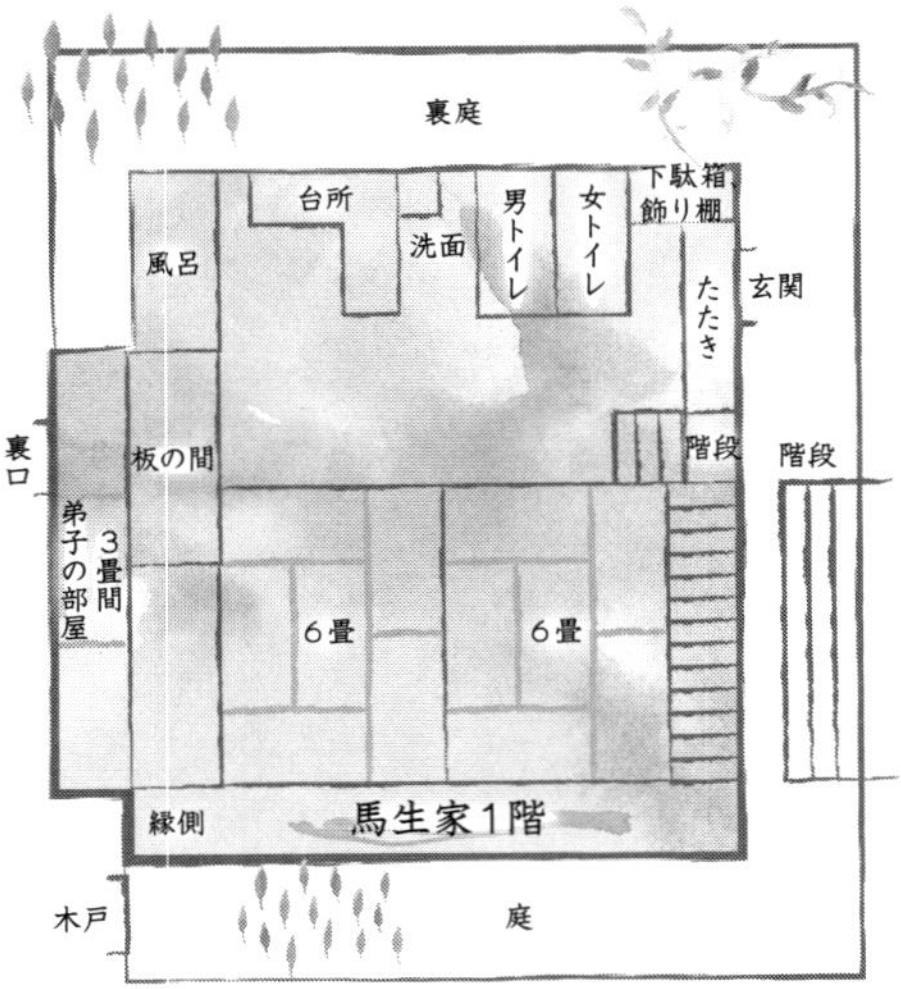

図表④　馬生家1階の間取り

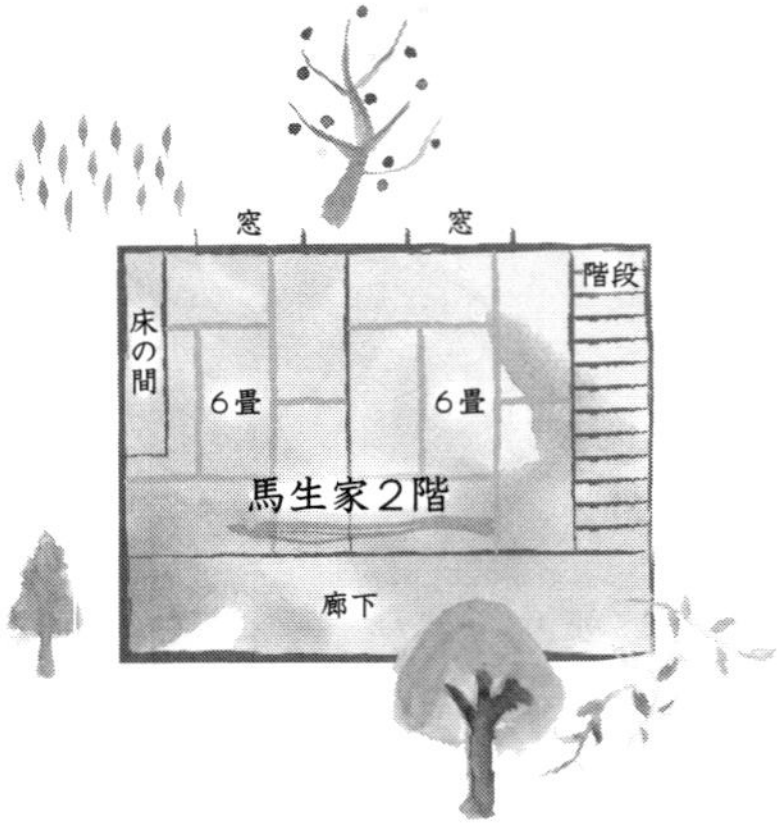

図表⑤　馬生家2階の間取り

壇を作り、ここにも両家一門全員の鏡餅《かがみもち》が名前付きで並びます。前座さんと子供たちは一番小さいお餅。それにしても、たくさんのお餅です。

ですので、祖父の家のお弟子さんたちは、お正月が終わると、ずーっと毎日お餅を食べ続けるはめになり、本当に気の毒でした。それを見ていた父は、祖父が引退して自分の家でお正月をやるようになっても、全員の鏡餅の行事はやりませんでした。

でも、噺家のお正月は賑やかで和やかで、本当にウキウキしたものでした。ウチでは暮れから準備し、大晦日《おおみそか》には、酒屋さんが玄関に置いた一斗樽《いっとだる》の樽酒の口を開けます。また、お正月は噺家の稼ぎどきで、みな寄席《よせ》を回ります。どこの寄席にも行列ができていました。

我が家に挨拶に来て、「おめでとうございます」と一杯飲み、上野の鈴本演芸場の寄席で仕事……そのあとまた家に戻り、飲んで騒いで、夕方から浅草演芸ホールへ行く……そしてまた家に帰ってくる。

そのころ家には、お正月の三が日で、のべ一〇〇人くらいの噺家が出入りし、飲んでいました。いまは噺家自身の住宅事情も昔と違いますし、そんな大変なことをするために家族が協力することもないのかもしれません。寂しいかぎりです。

家族、親戚、弟子、一門の噺家、よその噺家……美濃部家は、いつも他人の出入りの多い家だったから、親子関係のなかにも、相手の人格を認める文化が自然とできあがったのかもしれません。そのような環境のなかで育ったことは、私にとって大きな財産になっています。

ところで、先述の古今亭圓菊師匠も、著作のなかで志ん生の教えについて、次のように書いています。

「『人のあとをついて行くようじゃだめだぞ。八方耳を利《き》かせておけよ。それが楽屋の修業だぞ』と家で師匠は、よく話してくれましたよ。

『万一、やめることがあってもいい。やめてもいいけども、うちはお前さんがやめても、社会でちゃーんと通じるだけの人間に作っておいてやるから』

そうもいってくれましたね。

師匠はちゃらんぽらんのようにおもわれているようですが、芸のこと、修業のことになったら、一生懸命ですよ」(『落語家圓菊　背中の志ん生　師匠と歩いた二十年』)

やはり名を遂げて以降は、「人作り」こそが親や師匠の務めと決めて、それなりにしっかりと取り組んでいたのだと思います。

いずれにしましても、家族や親族はもちろんのこと、近所、職場、学校など、誰でも人との接点は多いはずです。さすがに志ん生のような勝手ばかりでは、人も離れていくというものですが、相手が誰であれ、その人の置かれた状況を知る努力をすれば、トゲのないつながりを構築できるのではないかと思います。

米つきは人を育てる爲に生き（志ん生）

⑧ 自分以外は、みんな変人なんだと思いなよ

人間関係のトラブルは、すべて自分が相手のことを理解していると勝手に思いこんでいることから始まります。逆の言い方をすれば、お互いが理解していれば、トラブルは起こりづらい。でも、他人を理解することは難しいことですし、そこに完璧を求めることは不可能だと思います。そんなとき、噺家の人物観察の手法は少しく参考になるかもしれません。

落語という話芸……それは噺家が話と所作で作り出すその場の雰囲気、人物、品物を、聴き手であるお客様が頭のなかですべて想像し、そして「大袈裟《おおげさ》に言ってはいるけど、ありそうだな」とか、「こういう人いるいる」とか感じてクスッと笑ったり、時には涙を流したりして、話のなかの人物や状況に感情移入して楽しむ芸です。

噺家は、いわば聴衆の想像をかき立てるサポート役とも言えます。ですから、噺家は若いころから人間観察眼に磨きをかけ、結果として、人一倍優れた眼をも持つようになるのです。

鼻歌の好きな親分恐くない（志ん生）

実際の人との付き合いも、実は落語の楽しみ方に似ているのではないでしょうか。

その場の雰囲気をどうとらえるか？　相手の言ったことや行動に対してどういった意味付けをするか？　それは、すべて自分が勝手に決めていることです。これも感情移入の一つではないかと思います。

ならば、いままでどうも関係がうまくいかない人や、あとになって誤解が生じそうな状況については、相手をじっくり観察し、課題を予見しておけば、これまでと違うコミュニケーションができるはずです。まずは相手を知ってその人の気持ちや立場を理解する努力が必要なのではないでしょうか。うまくいかない人を苦手な人と決め付けてしまうと、その人から何を言われても良い気分ではありませんしね。

いずれにしろ、自分の人生は自分が主役なのですから、相手を知ったうえで、自分に都合よく感情移入する――落語からの学びの一つです。ただ、志ん生はというと、少し度が過ぎていたかもしれません。著書『なめくじ艦隊』で、こんなことを言っています。

「あたしが噺家になったときに、

『――上の者にかわいがられなくちゃダメだよ。そしてなり（服装）をきちんとして、如《じょ》才《さい》なくおやりよ――』

と、いわれたんですよ。ところがあたしは、如才なくして上の者にかわいがられ、人に引き上げてもらったって、それは自分の力じゃない、何でもかまわねえ、八方敵だらけになって爪弾《つまはじ》きされてもいい、自分の力で上がってゆこう、と思ったんで、その忠言にさからって、逆に逆にといったもんですから、人に憎まれて出世ができなかったのは、あたりまえですよ」

そして、こうまとめています。

「人と摩擦を起さないように、円くやっていかなければならないと、しみじみ感じた次第ですよ」

本人もしっかり分かっていたのですね。でも、それを実行できないし、しようとしてもそれがなかなか他人に理解されないのが志ん生の変人らしいところです。

ちなみに「変人」とは、奇妙奇天烈《きみょうきてれつ》な言動、風体《ふうてい》の人のことを指しているのではありません。

社会には秩序もありますし、人の和のなかでの常識的な言動は大切な心遣いです。でも、よく知って見ると、それぞれ自分にはない癖があったり趣味があったり、物の見方や感じ方が変だと思うときがあります。それは自分を基準に考えて、自分に理解できないから変だ、と思うのです。ただ、自分と完全に同じであるコピー人間など存在しません。

ここで、志ん生をはじめ噺家や、姉夫婦（池波志乃《いけなみしの》と中尾彬《なかおあきら》）のような役者さん方はどうか。実は普段から、とても冷静に人間観察をしています。他者から与えられた刺激を自身の芸の肥やしにするという性《さが》がそうさせるのでしょう。

他者をじっくり観察し、そのうえで自分との関係を見極める――志ん生をはじめ、一流の噺家たちの人や物の見方を生活にも取り入れてみてはいかがでしょうか。きっと、これまで気づかなかった相手の魅力が見つかり、結果として自分が救われる、なんていうことがあるかもしれません。

⑨ 自分の居場所は世の中のどこかに必ず見つかるよ

「人がいなかったら、良いも悪いもない、辛いも嬉しいもなんにもなくなっちゃう。要は人に惑わされなきゃいいんだよ」

こんなことを常々言っていた祖父・志ん生については、晩年いろいろな方が取材に来られ「自伝風」な本が複数出版されています。それは、親の名前を間違って言ったり、兄弟の名前すら忘れ、さらには自分の生年月日まであやふやになってしまった祖父に取材した人たちが本当に困ってしまった結果、「自伝風」に執筆されたものです。有名なのは『なめくじ艦隊』『びんぼう自慢』などですね。本書でも使わせていただいておりますが。

でもまあ、それくらい無頓着で、テキトーな人でした、志ん生は。

幼少時代の志ん生は、現代の悪ガキなどとは比べものにならないほどの悪さ加減。一二～一三歳から酒を飲み始め、賭場に出入りし、吉原へも通う。その軍資金欲しさに自分の家のものを勝手に質《しち》に入れる。さらには親のお金に手を付ける。どうにも手のほどこしようのない超悪ガキでした。

『びんぼう自慢』にも、こんな記載があります。

「おやじの年金の証書が金になることを知ってるから、そいつを持ち出して抵当《かた》に置いて金ェ借りて、みんな悪いことに使っちまうてんですから、おやじはカンカンになる。おふくろはかなしがって、泣いてばかりいる」

当たり前ですよ。

当時の尋常《じんじょう》小学校は四年で卒業。家庭が豊かな子供だけ、その上の高等科に進む。祖父の場合は、小学校四年生で、素行の悪さによって退学になりました。そりゃあそうでしょう。

悪い仲間とつるんで遊びほうけて、金を盗むときくらいしか家には帰らず、学校なんざぁ行きもしないのですから。でもワルたちとはいえ、仲間のなかに自分の居場所を見つけ、家にはない居心地の良さを感じていたのかもしれません。

襟巻《えりまき》を忘れた家の名が言へず（志ん生）

志ん生の父親も、「奉公に出せば少しはおとなしくなるだろう」と、実践してみました。しかし一週間もすると戻ってきてしまう。近いところではなく、遠くへ奉公に出そうということで朝鮮の工場に出すと、「ハンガーストライキ」をやって日本に帰してもらう。祖父は自分のことを強情だとよく言っていましたが、このころから強情に磨きをかけ始めていたのだと感じます。

本人も、こんなことを書いています。

「決してほめたことじゃないけれども、あたしは若い時分から、道楽という道楽を、したいだけしてきたんです。もっとも昔は、芸人になるてえのは、たいがいさんざ道楽のかぎりをつくして親も親類もあきれかえって、サジを投げたというような人種が多かったんです」（『なめくじ艦隊』）

ま、言い訳みたいなものですが。

そのうえ、祖母・りんと結婚してからも勝手し放題。新居を構えたその日のうちに、博打や遊郭《ゆうかく》に行ってしまう。帰ってくるのはすってんてんになってから。それも祖母に金の無心に帰ってくるような有様。しかしそれはきっと、その祖母の優しさに、これまでにない新たな「居場所」を見つけ、甘えていたのでしょう。この居場所があってこそ、のちに大成する志ん生があったのだと思います。

祖父の幼少時代の居場所はともかく、居心地の良い場所を得ることは、どんな環境下にあっても必要不可欠だと思います。単に物理的な場所ではなく、気心の知れた仲間のなかにあるような場所。それはどこにあるのか？　これは人生の重要な「探し物」と言えましょう。

居場所は、人によっては逃げ場所、シェルターかもしれません。仕事や人間関係で疲れ果ててしまったとき、何か恥ずかしい失敗をしてしまったとき、人が逃げ出したくなるのは当たり前です。そんなときの逃げ場所を作っておくことをオススメしたいと思います。

それは家族のもとかもしれませんし、行きつけの飲み屋かもしれません。もしかしたら、音楽のライブやスポーツ観戦かもしれません。志ん生がそうしたように、逃げることは否定されることではありません。むしろ必要なことです。自分に合った逃げ場所を探しておくことは、人生を生きるうえで、大きな手助けになると思います。

ところで、子供の時分から吉原に足を運び、ひやかして歩き回っていたわけですから、そこは彼にとっての居場所の一つ。明治四四年の吉原大火災前の、張店《はりみせ》の並ぶ江戸後期の吉原の美しさ艶《あで》やかさを、まさに身をもって体験しています。得意な「廓噺《くるわばなし》」（遊郭に題材をとった落語）にも、その空気感は発揮されたと思います。

なかでも「お直し」は、志ん生の十八番。この演で昭和三一年度の「芸術祭賞」を受賞しています。廓噺での受賞なんて近ごろは文部省もずいぶんと粋《いき》になったと、志ん生の面《めん》目躍如《もくやくじょ》。いまでもＣＤで聞くことができますので、志ん生の「お直し」がまだ、というかたは、ぜひ聞いてみてください。

⑩　人のことはさ、褒めるのが基本なんだよ

志ん生は、若い時分、人に世辞一つ言わない、ヨイショするわけでもない。それも寄席の主人や興行主にもそうだから、しまいには仕事が回ってこなくなった時期があり、それはそれで若気《わかげ》の至りと反省していた様子です。若気といっても、ずいぶん大人になってでま

でそうだったのですが。

いずれにせよ、噺家を含め芸人にとって、寄席やホールなど自分の芸に触れてもらう場所は重要です。それがないとお客様との接点がなくなり、評判も広がらず、呼ばれなくなるという悪循環に陥ってしまいます。ですから当然、芸人は、寄席をとても大切にしています。

そんな寄席や芝居小屋などで、最近は「待ってました」などという掛け声が聞かれなくなったという落語のマクラがあります。いまでは何でも拍手。表現が変わりました。

「待ってました」ではありませんが、私の父母は言葉に出して、周りの人たちをよく褒《ほ》めていました。私の小さいころは、近所に買い物にいったり手伝いをしたりする子供に対し、「えらいねぇ、お手伝いかい」などと、褒めてくれる大人がたくさんいました。一方で、知らない大人に叱《しか》られることも。

ところが現在は、人付き合いが希薄になったと言われています。危ない目に遭ったりすることもあるので警戒する気持ちは分かりますが、いつごろからこうなったかしらと考え込むことがあります。

ある日、横断歩道で信号待ちをしていた母親と六歳くらいの男の子に、となりで待っていた好々爺《こうこうや》が、「いいねぇ、お母さんとお出かけかい？　いいお天気で良かったね」と話しかけたのです。居合わせた私も思わずにっこりするような良い雰囲気でしたが、その子は怒ったように、「知らない人のくせに、話しかけるな！」と言ったのです。お爺さんは悲しそうに苦笑いをしていました。

この母親は、子供を心配するあまり、そのように教えたのでしょう。が、こんな子供が大人になったら、いったい日本はどうなるのでしょうか。

いつのころからでしょうか？　職場、お店、学校などでよく顔を合わせる人が、いつもと雰囲気の違う服装だったり髪型をしていても、何も言わない人が多くなってきました。私はというと、必ず褒めておきます。お世辞《せじ》を言うのではなく、その人の新しい魅力に気づいて何だか嬉しくなるからです。「髪型変えたの？　いいね」とか「そういう服、似合うよ」みたいな褒め言葉を言わずにはいられません。

こう言って、不快な態度をされたことは一度もありません。自分が何かを変えたときも無視されると何だか淋《さび》しいし、一言でも褒められるとウキウキします。こういう昭和の時代には当たり前だった小さなやりとりが、いま人付き合いのなかに欠けているように感じます。

そのくせSNSでは、知らない人に対してまで、食べたものから旅行の行き先から、果ては持病まで公開しています。一体どういうことなのでしょう。

人の良いところを見つけたら、小さな点でも褒めてみませんか?

この点について、志ん生はというと、今風に言ってみれば空気の読めない男だったかもしれませんが、妻・りんに対しては、深い感謝の念を常に表していました。照れ屋ですから、じかに褒めるようなことはありませんでしたが。

「おりんさん」——祖父の偉業を讃《たた》えて取材に来られた方々は、おかみさんの存在なくして志ん生はなかったということを知り、尊敬を込めて祖母を、そう呼んでいました。

祖母・りんは志ん生を語るうえで欠くことのできない存在であり、志ん生の最大の理解者でした。こうしたパートナーがいることは、人生に多大なるプラスの影響を与えるのだと、つくづく感じます。

そして、その良好な関係を維持する秘訣こそ、褒めることにあると思います。

番町のお菊お岩にへりくだり(志ん生)

先述したように、志ん生は面と向かって人を褒めるような人ではありませんでしたが、気持ちは妻に伝わっていたはずです。誰しも自分流の表現法があると思います。自分流でパートナーを観察し、素敵だと感じるところがあれば、小さいことでも積極的に褒めましょう。きっと自分にもプラスになる何かが得られるはずです。

「糟糠《そうこう》の妻」という言葉は、まさにこの人、おりんさんのためにあるように思います。大正一一年に結婚して昭和四六年に没するまで、足かけ五〇年、志ん生と苦楽を共にしました。

一緒になったきっかけは、志ん生が当時一人暮らしをしていた部屋のとなりに運送屋があり、そこの世話好きな親父さんが持ってきた縁談話。その際、志ん生はこう言い放ちました。

「じゃァねえ、向こうさんに、きいてみておくんなさい。あたしゃァ芸人だからといって、別に売れてるわけじゃァない。かせぎもないし、財産もないし、着るもんだってありゃァしないよ。江戸時代にいた林子平《はやししへい》てえ人の親戚《しんせき》みてえなもンだよ。そのかわりといっちゃァなんだが、呑む、打つ、買うの三拍子《さんびょうし》は人一倍、その上になまけもんと来てる。それが承知ならいつでも、どうぞ来ておくんなさい」（『びんぼう自慢』）

それからしばらくして、おりんさんが嫁《とつ》いでくる。高田馬場の下宿屋の娘だという。父親と二人、志ん生の高座をこっそり見に行って、その噺のうまさに、この人なら大丈夫と思ったそうです。

おりんさんは、自分で貯めたいくらかのお金と、タンス、長持《ながもち》、琴などを嫁入り道具として持参したのも束の間《つかのま》、一月半もすると泡と消えました。おりんさんからすると、結婚後に夢見ていたであろう生活とはかけ離れた貧乏ロードをまっしぐら、です。

志ん生は、おりんさんだけでなく、その実家にも迷惑をかけました。おりんさんは、お金が尽きるとたびたび実家に無心……また自分の親父さんを巻き込んで寄席経営に乗り出し、それを失敗させてしまったこともあるから、実家にとっては疫病神みたいなものでした。

志ん生が『なめくじ長屋』で、こんな風に自慢するほど。

「貧乏てえことにかけちゃ、そんじょそこらの人さまに、ぜったいひけをとらねえ自信をたっぷりもっているんですよ。さしずめ貧乏の神さまから、イの一番にノーベル賞かなんかをもらう資格があるんですがねエ」

本当に食うや食わず、赤貧を洗うような生活が長く続きました。何しろ酷《ひど》いときは、子供たちのたんぱく源にと、カエルを捕まえてきて、その脚を食べたこともあるそうです。

『びんぼう自慢』を編纂した小島貞二《こじまていじ》さんが、同書の巻末で、取材でたびたび訪れる志ん生邸でのおりんさんについて、こう書いています。

「こうした何度かの訪問のうちに、私は夫婦愛の美しさを見た。このおかみさんの内助がなかったとしたら、到底、志ん生はなかったに違いない。亭主関白のように見える志ん生師も、実はおかみさんに甘え、頼り切っていたのである。落語の『替り目』の夫婦が、つまり、志ん生夫婦の実像のようであった」

初代・三遊亭圓朝の墓で拝む志ん生

志ん生本人も、紫綬褒章《しじゅほうしょう》をいただいた際、こう語ったそうです。

「あたしだって、ほんとうは勲章の一つぐらい、かかあにやらなきゃァいけないんですよ」

おりんさんにとっては、地上で最高の褒め言葉だったでしょう。

昭和四六年一二月九日、息を引き取った

おりんさんを前に、志ん生は、泣かずにいた。死に顔を見ずにいた。それは、おりんさんなしでは生きられないほど甘えていたから、その死を認めたくなかったのだと思います。

そしてその三日後の一二日、無二の親友の八代目・文楽《ぶんらく》師匠が亡くなったのをテレビで知る。その時はじめて「みんな逝《い》っちゃった」と号泣したのです。

祖父にとって掛け替えのない二人を一度に亡くしたのです。

煙の出る鍋をはさんで涙ぐみ（志ん生）

第三章

モノか心か

「大丈夫、この世で起こったことは、この世で解決するもんだよ」

⑪ 人は足るを知って、なるべく裸で生きなきゃね

「噺家が金勘定《かねかんじょう》ばかりするようになったらおしまいだよ」――祖父・志ん生は、お金が欲しくて噺家という仕事をしていたわけではありません。ただ落語という話芸に、人生を懸けるほど魅了されていたのだと思います。

昭和の人は、仕事について、「メシより好きなことをやれ」とよく言ったものですが、祖父にとっては、それが落語だったのです。

祖父は、初めて弟子入りをしたのは橘《たちばな》家《や》円喬《えんきょう》師匠だと語っていました。高名な三遊《さんゆう》亭圓朝《ていえんちょう》師匠の高弟で、二〇代から名人と言われた人です。

弟子入りのお願いに伺ったとき、師匠に「おまえ、メシは好きか?」と聞かれ、「メシい食わないと死んじゃいます」……すると「メシを食おうなんて了見じゃぁ、とてもだめだぞ」と言われたそうです。

「はなし家でノウノウと暮らせるなんぞと思ったら大間違いだ、食うことなんざあと回し

にして、芸の苦労をしなくっちゃ、とてもいい芸人にゃァなれねえよ、てえことを教えてくれたんでしょうねえ」（『びんぼう自慢』）

円喬師匠から朝太《ちょうた》という名前をいただき、志ん生の落語人生が本格的に始まりましたが、師匠から教えられたその気持ちは、生涯、変わらなかったのだと思います。

もともとそんなにお金に対して執着はなかった。食うところ、寝るところ、そして酒に困らなければ上出来という人。好きな落語に集中するには、余計なお金を持たないことは、かえって良かったのかもしれません。ただし、家族を貧乏に巻き込むことさえなければ、もっと良かったのですけれど。実際、馬生も「貧乏したのは父ではなく家族だ」と語っています。

金ではなくモノのことを言えば、昨今は断捨離《だんしゃり》ブーム。それは高齢社会になり、落ち着いて自分の人生を振り返り、これまでの考え方や生き方を変える必要に気づく人が増えたことの証明ではないか、と思います。

昭和三〇年代から高度成長期に入り、生活の流れは大量生産・大量消費に。物質的豊かさを求めて邁進《まいしん》してきた日本人ですが、その結果、身の回りには要らない物が増えてしまいました。

そもそも、必要なものは、時代によって変化するもの。高齢になって夫婦二人だけになると、若いころは良かれと思っていた大きな家がかえって不便になり、マンションや小ぶりの家に引っ越す人も多いと聞きます。

その際、長年住んでいた家の処分に当たり、家財道具や衣服など、永年溜まりに溜まったものの処理に困っている方々を、私は何人も知っています。私の姉妹もその一人です。

そろそろ老いも若きも、自分の人生「足ること」を意識してシンプルに生きていきませんか。

一人一人が自分にとって本当に必要なものは何かをよく考え、持ち物を厳選する。それは資源を大切にすることにも、増え続けるゴミ問題の解消にも繋がっていくのではないかと思います。先人たちの知恵、江戸から昭和三〇年以前のリサイクル社会を見直してみてください。日本の素晴らしい職人技たる修理の技術もどんどん衰退し、消えてしまっていますしね。

すぐ飽きてしまうような物を買うのでしたら、人の技やぬくもりをも感じられる物を一つ厳選し、愛情を持って長く使ったほうがスマートでおしゃれ。リサイクルショップなどに行くと（インターネットでも）現在は作れないような素晴らしいものも、案外、安価で売られています。

現代の抗菌や消毒の技術はすぐれていますので、志ん生の好きだった「道具屋」を覗いて見るのも一興《いっきょう》かも。「中古品などみっともない。新品でも安く買えるのに」と思わず、文化を守る、資源を守る、と考え直してみることも大切ではないでしょうか。足るを知ってシンプルに生きる。私も目下実践中です。

ゴム紐を売りにこられて後を締め（志ん生）

志ん生は、とてもシンプルに暮らしていました。

もともと日本人は、どの時代でも、必要以上の物を持たずに暮らしていたように思います。特に江戸時代はいたってシンプル。それが、明治と大正を経て昭和の高度成長に至り、西洋的な生活様式が普及するようになってからは、寝室にはベッド、居間にはソファ、畳の部屋には絨毯《じゅうたん》を敷いてテーブルとイス、などとなりました。すると、狭い家がさらに狭くなり、大きい家を望んで郊外のベッドタウンに移り住むことに。

志ん生の終《つい》の棲家《すみか》は、東京の西日暮里の、まさに昔風の日本家屋でした。広い玄関と広《ひろ》縁《えん》があり、池のある日当たりのいい庭がありました。部屋はすべて畳敷き。居間には火鉢《ひばち》と座卓と茶簞笥《ちゃだんす》、家具といえばそれくらい。

また、志ん生は骨董《こっとう》や古道具が趣味でしたが、買ってもすぐに飽きて売ってしまうという、不思議な道楽でした。そのため通常の骨董好きのように品物がたまって困ることはありません。当然、部屋を広く使えますし、清々として気持ちよく暮らしていました。

祖父母は床の間のある客間で寝ていましたが、布団は起きたら押し入れに入るのですから、すっきりしています。掃除も、昔は、うるさく面倒な掃除機など使わず、箒《ほうき》でサッサと掃いて、庭にはき出すだけです。

ちなみに私は箒での掃除を実践しています。それも日本伝統の和箒《わぼうき》、座敷箒《ざしきぼうき》とも言います。昭和の時代は、当たり前にどこでも買うことができたのですが、最近は探さないと買えないかもしれません。

この和箒は軽くて静か。畳に輝きが増したりもします。掃除が何の苦でもなくなりました。いままでなぜ大きな掃除機を出して掃除していたんだろうと、習慣の恐ろしさを感じます。節電にもなりますし、コードもなくてスピーディ。これで十分、足りています。志ん生の時代の箒掃除、ぜひお試しあれ。

⑫ モノになんぞ執着しねえで、金に使われない生き方をしなきゃ

「死んでしまったら持ってけないだろ」

「明日何があるか分かりゃしない」

「だから、いま精一杯生きるんだよ、くよくよしてちゃもったいないよ」

……志ん生は、飽きっぽいだけと言われるのですが、見方を変えると、モノに執着がないとも言えます。先に書いたように、そもそも美濃部家にはみな、そうした傾向があります。江戸ッ子気質のままなのです。


私の祖母の、おりんさんは、志ん生とは見合い結婚。当時は、そんな仲人《なこうど》をやってくれる世話焼きがたくさんいたものです。

志ん生と結婚してからの長く辛い極貧生活で、彼女は様々な内職をし、四人の子供を育て上げました。当時の主婦の内職といえば、まず針仕事。古い着物を解いて仕立て直し、縫い直して、それを子供に着せるのが当たり前の時代です。針仕事の需要は非常に大きか

ったのです。

しかし、太平洋戦争が始まると人々の生活は一変、着物のことなど二の次となってしまいます。だから、おりんさんは器用な指先で、マッチの箱作り、クレヨンの紙巻きなどの内職を健気《けなげ》に続けました。

そんな苦労をしてきた人でも、お金に執着はありませんでした。のちに良い暮らしができるようになったら、気前よく周りの人に祝儀《しゅうぎ》や小遣いをあげていました。

たとえば、新年にはいつもお世話になっている方々のところに出向いて、従業員や若い衆にまで挨拶《あいさつ》をして回り、少しばかりの心付けを渡していたようですし、弟子には志ん生に代わってお年玉を配るなどしていました。配達に来た酒屋の若い衆にまでお年玉を渡したくらいです。

ふだんより金の貴い大晦日（志ん生）

夫ができない分、奥さんがうまく取りはからって、絶妙にバランスを取っていた。お金に執着しないというよりは、ある意味しっかりと投資をして、夫が働きやすいように環境を整えていたのだと、いまになって分かったような気がします。これこそ内助の功、ですね。

私の母も美濃部家に嫁いで来た人ですが、同じ性分《しょうぶん》でした。無計画に使ってしまうのではなく、ここぞというときや誰かが困っているときに、ほんとにスパッと惜しげもなく使います。

返してもらうことなど考えません。宝石や着物など、自分だけを満足させるモノは買いません。ただ、祖母も母も共に、家族のため人のために使うお金は惜しみませんでした。

美濃部家では、お金のことばかり言ったり考えたりする人はみっともないとされ、下劣な人として扱われました。お金持ちがいけないということではありません。そのような了見の人を嫌ったのです。

間違いなく志ん生も、そうした考えを持った人です。

「江戸っ子の生まれ損ない金をため」という古い川柳《せんりゅう》もありますが（作者不明）、実際、志ん生は、「俺は一文なしで死にたい。金を残すと、ろくなことはない」と言っていたそうです。まったくその通りで、晩年はすでに一文なしで、私の父が祖父の家の生活を支えていました。あんなに稼いでいたのに一体どこに消えたのだろう？　と、父も首をかしげていました。

いずれにせよ、お金がなくて卑《いや》しい生活をする人もいれば、お金があっても生活が卑しく見えてしまう人もいます。特に後者は非常に残念なタイプ。お金は人の生活に欠くことのできないものですが、お金を獲得することだけが目的になってしまった仕事であれば、それは考え直したほうが良いかもしれません。

ところで私が小学生のころ、その祖父の家には、大きな金庫がありました。明治の人は銀行を信用していません。時代の移り変わりのなかで、銀行が簡単に潰れたりした様を見ているのですから、当たり前です。

その金庫を前にして、ある日、私は映画に出てくる泥棒よろしく、耳を当ててダイアルをくるくる回して遊んでいました。すると祖父に「開けたら全部やるよ」と言われ、子供ながらに祖父にお金がないのをウスウス知ってはいたものの、少しくらいは入っているだろうとワクワクして、何度もトライしました。

何日くらい挑戦したかは忘れましたが、ある日、何と偶然、金庫が開いたのです。私はドキドキしながら重い扉を開けたのですが、なかを見ると空っぽ。私は、自分が大切にしていたおもちゃの指輪を、そっとなかに入れて金庫を閉めました。

また、こんなこともありました。

祖父が亡くなり葬儀の日、ある方から手紙が届きました。お悔やみの手紙と共に、祖父が貧乏時代、その方からお金を借りた借用書が同封されていました。

取り立ての意味だったのでしょうか？　違いました。「その後、志ん生師匠が立派になられたので記念に取っておいた」との由《よし》。しかし、「故人が天国で気にするといけないので、お返しすることにした」とのことでした。

祖父は自分が言った通り、一文なしで逝きましたが、志ん生らしく、借金も残していきました。いまもその借用書は、私が大切に預かっています。

昭和という時代が、この借用書を送ってくださった人に代表されるとは思いません。ですが、お金に対する美意識は、昭和の終わりとともに、どんどん変容していったように思います。

落語には「三方一両損《さんぼういちりょうぞん》」という有名な演目があります。場面は江戸時代に設定されていますが、昔の日本人の金銭感覚を上手に表していると思いますので、以下あらすじを書きます。

落語「三方一両損」のあらすじ

神田白壁町《かんだしらかべちょう》に住む左官職人の金太郎《きんたろう》が、ある日、柳原の土手で財布を拾います。なかには金三両と印形《いんぎょう》と書きつけ。その書きつけには、「神田竪大工町《かんだたてだいくちょう》　大工熊五郎《くまごろう》」と書いてある。

金太郎は、さぞ困ってやしないかと、早速、竪大工町の熊五郎の長屋へ届ける。すると熊さん。

「俺の懐《ふところ》から出たものは、もう俺の金じゃねぇ。印形と書きつけは大事なものだからもらっておくが、金は持って帰ってくれ。なくなってさっぱりして、いい気分で飲んでたんでぇ」

すると金さん。

「冗談じゃねえ！　俺ゃ、てめえの銭なんざもらっていく弱い尻はねえ」

啖呵《たんか》の応酬は続く。熊さんが大声を出す。

「懐を出た銭は、もう俺のもんじゃねえ！　もってけ！　まごまごしやがると、ひっぱたくぞ」

　金さんも負けてはいない。

「おもしれえ！　財布を届けてやってひっぱたかれてたまるもんか。殴れるものなら殴ってみやがれ！」

　金さんがそう言うと、ほんとに頭をポカリとやられ、大喧嘩に――。

　そこへ大家が止めに入るが収まらず、頑固な熊さんに大家も呆《あき》れ、「大岡越前《おおおかえちぜん》さまに訴えて、お白洲《しらす》で謝らせるから、今日のところは大家の顔を立てて帰ってくれ」と、金さんに頼みます。

　自分の長屋に帰った金さんは、自分の大家に事の次第を話します。すると金さんの大家は、「何を言ってやがる。大家といえば親も同然、店子《たなこ》といえば子も同然。その子がそんな目に遭って、親の家主の顔はどこで立つ。よしっ、こっちからも大岡さまに訴えてやる」。

　双方から南町奉行所《みなみまちぶぎょうしょ》に訴え出たところ、やがて呼び出しが来ました。一同がお白洲に並ぶ。お奉行様が、それぞれの言い分を聞く。

　熊五郎も金太郎も江戸っ子風を吹かし、「金なんざ、いらねえ。そんなもんがあるから、喧嘩が絶えねえんだ」「金が欲しいなんてぇさもしい了見《りょうけん》は持ち合わしちゃいねぇ」と、啖呵の応酬。

そこで奉行が「では、その金は大岡が預かりおく、良いな?」。すると二人は「そうしておくんなせぇ」と。

奉行の裁定はこうだった。

「では、双方の正直さと潔癖さを愛《め》で、二人にそれぞれ褒美《ほうび》として、二両ずつ、つかわす。この儀は受け取れるか?」

「へへえー」と頭を下げる一同。

金太郎は拾った金をそのまま盗れば三両あったが、二両になり、一両の損。熊五郎も届けられた金を受け取っていれば三両だが、同様に一両の損。奉行は預かりおいた三両の金に一両足して二人に褒美を与えたので、一両の損。この裁き「三方一両損」で、これにて丸く収まった。まさに名裁き。二人はめでたく仲直りします。

そして、奉行の計らいで二人にご馳走《ちそう》が出る。

「こりゃ、ご両人、腹も身のうちじゃ、あまり食すなよ」

「えへへ、おおかぁ(大岡)くわねぇ」

「たった一膳（越前）」

落語のことですから大袈裟《おおげさ》な表現ですが、お金に執着しない、お金に使われない生き方を、とても洒脱《しゃだつ》に描いています。お金を心配するストレスから、だいぶん解放されませんか。

人それぞれ必要な額は違いますが、自分に本当に必要な額を把握《はあく》してみることは大切です。必要以上に財産を残すのもトラブルの元。

志ん生は、上手にお金を使い果たし、家族のトラブルの芽を摘んでくれたのですかねえ。いえ、皮肉ではありませんよ。

⑬ 暦に合わせて生活リズムを変えてみなよ

志ん生は、時間にも相当ルーズでした。その一方で、大変なせっかちで、人を待たせることは平気でも、待つということは絶対しない。それが仕事であっても、まったくもって勝手気まま。もとより本人は、時間というものを意識して生活するようなタイプではないので、周りもそれをよく理解しており、高座の出番などは上手にコントロールしていたようです。

時間の先にある季節に関して言えば、噺家は、一般社会で仕事をしている方々に比べ、旧暦や二十四節気を意識して生活していると思います。どの噺を掛けるか（やるか）も、季節によって選びます。二十四節気にも合わせたりする。そして着物も、その季節に合った素材を使うよう衣替えもします。

祖父・志ん生の親は江戸時代の人。いまのグレゴリオ暦を日本が使うようになったのは、明治五年、一八七二年のことです。

日本が新しい暦を採用するようになってからも、祖母は二十四節気の様々な行事を大切にしていました。それを母も受け継いで、お彼岸《ひがん》には「おはぎ」を作り、それを持って、みなでお墓参りをする。中秋《ちゅうしゅう》の名月にはススキを飾り、月見団子と衣被《きぬかつぎ》を食べながら、お月見をしました。そのようなお節句の小さな行事を、私は断片的に、しかし強い印象とともに覚えています。

現在の時刻は、定時法です。つまり、一日を二四等分し、一時間の長さも決まっており、季節によって時間の長さが変わりません。

　一方で、室町時代から江戸時代まで使われた時刻は不定時法で、夜明けから日没までを基準に等分するもの。季節によって時間の長さが異なります。つまり、太陽の運行が時刻に反映されるわけです。

　人の身体は、太陽の運行や潮の満ち引きによって起こる様々な自然現象に、大きく影響を受けると言われています。そのため不定時法を意識すると、街中で生活していても、自然や季節に対する感性が豊かになります。

　また、生活リズムや気持ちの切り替えがしやすくなると、私は考えています。なぜなら、江戸の時刻を生活のなかに取り込むと、季節の変化を通じて身体が次の季節の準備を始めているのを感じたりするからです。

　一年中、同じ体調が続くと、現代人は錯覚しているのではないでしょうか。人間の身体は、太陽や月の運行と密接なつながりがあることに気づくと、自らが自然の一部であるということが分かります。

　休日などは時計を忘れ、「お天道様《てんとうさま》がだいたい真上ってことは『九つ』かぁ、お腹が空いてきたから、そろそろご飯にしようかな～」と考えると、時間のストレスから解放され、ゆったりと時が過ぎていきますよ。

私たちは時の流れのなかで一生を過ごします。そこで、たまに旅に出て、時計のない、自分の身体のリズムに合った数日を過ごすのはどうでしょう。ずいぶんとリフレッシュできるし、身体リズムもリセットされるはずです。

深草の情は九十九夜で消へ（志ん生）

さて、祖父の志ん生も、時の流れ、季節の変遷をその芸と生活に取り入れてきた人でした。

志ん生は空気が読めないと書いてきましたが、それは普段の生活でのこと。ひとたび高座に上がれば、お客の様子を窺《うかが》い、季節感や社会情勢などを踏まえて演ずる。そのため、時には予定していない演目で噺をすることもありました。つまり、総合的に空気を読んでいたのだと思います。

また、長い貧乏生活でやりたくてもできなかった数々の節句。後年、祖父母は、それができるようになったことが何より嬉しく、楽しみにしていたようです。女の子が二人もいるのに、雛祭《ひなまつ》りなどずっとできなかったのですから。志ん生の家には、私が見上げるような雛壇が飾られたものです。

のちに祖父母が倒れ、私の母が看病するようになりました。母は、さらに自分の両親も引き取り介護をしていたので、ますます忙しくなりました。そのため、お節句の行事は「おはぎ」だけになりました。が、たとえ「おはぎ」を食べるという行為だけでも、生活のなかにハレとケのけじめを意識できます。すると、生活をリセットできたような気がするのです。

秋の節句に家族そろって

古《いにしえ》より、ほんの一五〇年前まで私たちが使っていた旧暦、二十四節気、不定時法を上手に暮らしに取り込む。そして、季節の変化と共にゆったりと、ケジメを知って暮らす。案外、現代人にフィットすると感じます。まずは五節句を自身の暦にスケジュールすることからでも良いでしょう。

落語にも、季節や節句を題材にした話が多々あります。「人形買い」「五月幟《ごがつのぼり》」などが有名です。ぜひ機会をつくって、落語から季節を感じてみてください。

⑭ 験担ぎを決まり事にすると心のお守りになるよ

芸人の家には、だいたい神棚《かみだな》があると思います。祖父の家、私たちの家にも、一間の大きな神棚がありました。そして、毎朝、お水やお神酒《みき》を替える。毎月一日と一五日には、お榊《さかき》を替えました。青々としたお榊が上がると本当に清々《すがすが》しく、気持ちの良いものでした。

これらは一日の始まりの「ケジメ」をつける、いわばルーティンです。二〇一五年のワールドカップで、ラグビーの有名選手がここぞという場面で自分のルーティンを淡々とこなし、結果、成功を勝ち取るといったシーンが有名になりました。しかし昭和の時代なら、実は、どこの家にも独自のルーティンが見られました。特に珍しいことではなかったのです。

　志ん生が初めて自分の家を西日暮里《にしにっぽり》に建てたのは、昭和二六年、六一歳の頃。この家にもちゃんと神棚が備え付けられていたので、志ん生自身も朝から向き合っていました。

「師匠が感心なのは、朝、まあ、だいたい九時ちょっと前ころに起きるんですけどね、顔を洗ったら、お先祖さまに必ず手を合わす。それが終わったら、廊下へ出まして、天気のいい日はお天道《てんとう》さまにもパーン、パーンって柏手《かしわで》を打つ。神さまに手を合わせることは朝の習慣でした。無頓着《むとんちゃく》なようでも、神様仏様には必ず手を合わせていました」（『落語家圓菊　背中の志ん生　師匠と歩いた二十年』）

　圓菊さんも著書で、そう証言しています。まさに、志ん生が大切にした朝のルーティンです。

　当時、神棚には、切り火を切るための「火打ち石」と「火打ち金」が上げてあり、志ん生も馬生も、仕事に出かけるときは、祖母や母から背中に切り火をして送り出してもらっていました。これには、古来、仕事と道中の無事を祈る魔除《まよ》けの意味があるそうです。

　そのようなわけで、私たち子供やお弟子さんも、大切な日、出かけるときには、切り火を切ってもらいました。すると、気持ち良く晴れがましい気がしたものです。

江戸の時代は、その火打ち石と火打ち金で火花をホクチ（燃えやすいモグサのような乾燥した草）に移し、それを火種に紙に移し、だんだん火を大きくして炭に移し、煮炊きや暖を取ったり、行燈《あんどん》の灯《あか》りに使いました。火のありがたさを感じます。

茶柱が立つわと女郎お茶をひき（志ん生）

一日の始まりに何かケジメをつける習慣があると、一日の流れができあがるような気がします。昨日までの自分をリセットする。心を整えて、新たに一日を始める——。

そういえば、私の子供のころは、朝、お日様に手を合わせている人をよく見かけました。宗教や信仰とはまた別の意味で、ただ感謝の気持ちを惹起《じゃっき》して一日を始めるのも、また気持ちの良いものです。志ん生や馬生をはじめ、芸の世界では、このように考える人が多いのではないでしょうか。

特に私の祖父母は、長いあいだ、いつ死んでもおかしくないような生活を強いられてきました。戦争や災害だけでなく、極貧で食うや食わず……もう神だのみしかない、そんな思いが強かったのかもしれません。

特に「しくじり」は最小限にしたいところ。そんな意味で、一日を始めるルーティン、あるいは「験担《げんかつ》ぎ」は、気持ちを整える役割を果たしたのかもしれません。また祖母にしてみたら、できることなら何でもやって、最高の状態で祖父を送り出したかったのだと思います。

殊《こと》に芸人の家では、何かと縁起《えんぎ》を担ぐことが多いのです。聞くところによると、スポーツ選手も同じなのだそうです。そして、ご多分に漏れず博奕《ばくち》打《う》ちも……。

先述した切り火もそうですが、一発真剣勝負のような仕事を全《まっと》うするには、自分の努力以上の大きな「力」を必要とするのではないかと思います。験を担ぐことで、そのような力が得られると信じる。信じることで、見えない力が降りてくる――。

たとえば、美濃部家の「験担ぎ」は、以下のような按配《あんばい》です。

・足袋《たび》や袴《はかま》は左足から穿《は》く
・高座に上がる前や人前に出る前には、手のひらに人の文字を三回書いて飲み込む（↓あがらない）
・初物を食べたら東を向いて笑う（↓無病息災）

・「する」という言葉は使わず「あたる」と代える（↓「すり鉢」は「あたり鉢」と言う）
・お茶は「あがり」と言う（↓花柳界で暇を意味する「お茶をひく」を嫌って）
・「別れる」「切れる」の代わりに「お開き」を使う

古来、日本人の経験値が作り出した一種の習わしのような験担ぎ。あのずぼらな志ん生も取り入れていたくらいですから、意外と簡単に生活に組み込むことができます。あなたにとっての験担ぎというルーティンを、試しにいつもの生活のなかに取り入れてみてはいかがでしょう。きっと、お守りと同じように、何かに守られている感じすら経験することでしょう。

⑮ この世では失敗も成功もねえ、しくじったか上出来かだけ

志ん生にとって、成功とは何だったのか？　高座での落語、すなわち噺がうまくいったかどうかしかなかったと思います。それは、私の父の馬生も同じ。祖父は父に、このよう

に言っていたそうです。

「毎日、落語をやってても、一生のうち上出来な噺ができたと思えるぅなんざ、数えるほどしかねぇだろう」

　実際、間近で見聞きしている弟子もそう感じていたようで、圓菊さんは著書でこう述べています。

「全部が百パーセント上手いってことはないですよ。百パーセント名人だってことではなく、ひどいときがあるの。百パーセント下手だっていうときもある。

　その代わり偉いのは、明くる日は名人なんですよね。必ず、ピシャッと演《や》りましたもんね。そういうところは偉いなアとおもいますね。失敗《しくじ》ったっていうことを反省してるってことでしょ」（『落語家圓菊　背中の志ん生　師匠と歩いた二十年』）

　名人といっても人の子、誰しも毎回一〇〇点満点はあり得ない。志ん生自身が「数えるほどしかない」と語っているということは、圧倒的多数は「上手くない」か「まあまあ」か「下手」な噺ということでもあります。

　私たちの仕事だって人生だって、一〇〇点満点の場面はほんの一瞬なのです。完璧であることに固執する必要はありません。

「まああくらいで、御《おん》の字」

　志ん生なら、そんなことを言ったでしょうね。

「完璧」という言葉が出ましたので、八代目・桂文楽《かつらぶんらく》（明治二五年〜昭和四六年）のことに触れておきたいと思います。文楽は、志ん生の同時代の良きライバルであり、唯一、親友とも呼べる同僚。落語協会会長を務めるなど、当時の落語界を牽引した名人の誉《ほま》れ高い噺家でした。

　作家で落語界に造詣《ぞうけい》が深かった正岡《まさおか》容《いるる》氏も、たびたび落語界の双璧として、この二人を高く評価していました。

　当時の住まいから黒門町《くろもんちょう》とも呼ばれた文楽の芸風は、志ん生とは正反対。どの演目についても細かなところまで作り込まれた完璧主義の落語でした。その名人が一九七一年、国立小劇場の高座で演《や》りなれたはずの演目「大仏餅《だいぶつもち》」をかけますが、そのなかの登場人物のお侍の名前がどうしても出てこずに絶句してしまいます。

「申し訳ありません。もう一度、勉強し直してまいります」と降りたのが、文楽最後の高座となりました。

　この「申し訳ありません。もう一度、勉強し直してまいります」という言葉さえも、文

唯一の親友・桂文楽（左）と

楽師匠はそれこそ繰り返し稽古《けいこ》していたと聞きます。本来はあり得ない、あってはいけない、「いざ」というときに備えるプロの魂を、そこに感じます。

一方の志ん生自身は、こんなことを言っています。

「うまいとかそうじゃないとかモノサシがあるわけじゃないが、自分よりまずいなと思ったら自分と同じぐらい。自分と同じぐらいは自分より少し上。うまいなと感心したら自分とは格段の差がある」

だから落語の稽古だけは、貧乏なときでも、名人と言われるようになってからも、一生懸命に努めました。そんななか、どんな失敗事でも芸や人生の「肥やし」と思えば良いのかもしれませんが、志ん生の「しくじり」は半端《はんぱ》ではありませんでした。

昭和二年当時、志ん生は、柳家甚語楼《やなぎやじんごろう》と名乗る売れない真打ちでした。汚いトバ（着物のこと）で陰気でいいかげん、そんなレッテルが貼られているものですから、真打ちと言っても二つ目扱いされていました。そして、いわゆる「浅いところ」しか上げてもらえない。

この「浅いところ」というのは寄席の言葉で、開演後の早い時間のことです。逆に深いというのは遅い時間です。ちなみに一番最後がトリ。「トリを取る」という言葉を聞いたことがありませんか？　このトリこそが芝居（寄席の興行）の大看板になります。

寄席では開演してすぐに、開口一番という前座が上がります、そのあとが二つ目。祖父は真打ちなのに、この「浅いところ」にしか出してもらえません。席亭や先輩師匠に嫌われていたからです。

「浅いところ」はお客様もまばら、途中で入場してくる人も多いし、会場自体がザワついています。祖父はくさっていましたが、高座に上がればそれこそ、一生懸命に務めます。

当時、寄席では人気投票をやっていましたが、お客様は正直なもので、祖父は、いつも一位か二位だったそうです。

ともあれ、本人はかなり冷遇されていました。加えて当時の日本は不況の真っ最中。トリを取っている大看板でも、質屋通いを余儀なくされている時代ですから、冷遇されている祖父など、文字通り文なし。余計ふてくされて、わずかな稼ぎも飲んでしまう。こんな負のスパイラルから抜け出すことができず、もがいていました。

そんなとき。「浅いところ」に上がるので、当然、祖父は早い時間に楽屋入りをしています。そこへ師匠の柳家三語楼《さんごろう》のお客様（ご贔屓筋《ひいきすじ》）が、師匠へ羽織《はおり》を誂《あつら》えて持ってこられた。贔屓の芸人へのプレゼントです。それを着て高座に上がることが、いただいた者からのお返しになるのです。まだ師匠は楽屋入りをしていませんので、そこにいた祖父に「師匠に渡してください」と、預けて帰られました。

祖父は羽織を風呂敷に包み持ち帰る。そして翌日、師匠に届けるつもりで持って出ると、同期の噺家仲間の親友が酒をおごると言ってやってくる。噺家で食えなくなったこの親友は、その当時、幇間《ほうかん》に鞍替《くらが》えをしていたので、少しは金があったのです。

そうして二人で飲むうち、彼は「仕事があるんで」と言って、少し多めに勘定《かんじょう》を置いて帰る。一人残った祖父は、もう寄席に入らないといけない時間だが、冷遇されているから面白くない。もう一杯、もう一杯……とうとう寄席をすっぽかしてしまう。しかし、それだけなら毎度のこと。二つ目が上がればいいだけ。もちろん席亭からは、さらに信用がなくなるが。

しかし、そのあとがさらにいけなかった。勘定が足りない。親友は、自分が帰ってでも一～二杯は飲めるようにと金を置いてったが、そこから何杯飲んだやら。昼間から飲み始めてもうすっかり夜になっていたのだから、勘定が足りるわけもなし。本人は無論、文なし。

そこで、師匠に渡すはずの羽織を店の者に渡し、質屋へ行かせてしまった。最高級の塩瀬の羽二重《はぶたえ》の紋付きです。多分そこの勘定を払っても、たんまりと残ったはず。しかし祖父のこと、何日も持っているはずがない。その足で賭場《とば》か吉原へ行って、すべて使ってしまったことでしょう。やけのやんぱち、日焼けのなすびです。

やっちまったらもう取り返しがつかない。で、もっとやけになる。こうした落語の登場人物のまんまな思考回路。傍《はた》から見るとおかしいですが、当人は案外に真剣なのです。

常人なら、安酒場の勘定くらい友人やそれこそ師匠に借りて、翌日にでも質屋から戻せるはずです。しかし、そういう考えはまったく思いつかない祖父でした。

そのせいで、師匠から破門……いやいや怖くなって逃げを決め込んだという顚末《てんまつ》。

借りのある人が湯船の中にある（志ん生）

貧乏は、そのときもそのあとも、あまり変わらないのですが、彼から落語がなくなると、何もできない。納豆売りをはじめいろいろな商売を試すのですが、彼には噺家以外、何もできないのです。このしくじりに端を発した祖父の人生のどん底……さぞ情けない思いをし、陰で男涙を流していたことでしょう。

それでも本人は、「『ちくしょう、今に見てろッ』てえ気持ちがあるから、ほかのことをやらしたら、子供より役に立たないが、はなしの稽古だけは、決してほったらかしにはしない」と、のちにその著作（『びんぼう自慢』）で語っているように、一人で何度も何度も噺の稽古を繰り返したといいます。八方敵だらけでも、自分の力で上がってゆこうといった決意が祖父をそうさせたのです。

貧乏なんて何とかなる。でも、自分の居場所がないことや、好きな仕事ができないことぐらい辛いことはない。しかし、あとになって本人が語っているように、落語「唐茄子屋《とうなすや》政談」を演じるとき、勘当《かんどう》された若旦那の気持ちがよく分かったそうです。

この噺は志ん生の十八番。吉原通いの遊びが過ぎて勘当された若旦那が無一文になり、死のうとするが叔父さんに助けられる。性根《しょうね》を叩き直すため、叔父さんは、若旦那に天秤棒《びんぼう》を担がせて、唐茄子を売らせる。ところが、この若旦那、「唐茄子～」の売り声が出せない。そんな人情話。志ん生も、「なっと、なっと～」の声がまったく出なかったそうです。落語では売り声が使われる噺がいくらもあり、そんなものは簡単と思っていたそうですが。

貧乏も、三道楽も、人生の失敗を、すべて自分の芸の肥やしにしていた。それが志ん生。

この哲学は、どんな人生、どんな仕事にも当てはめることができると思います。志ん生流に物事を受け入れ、自分の肥やしにすると考えれば、たいがいの難関は乗り切れます。

また「しくじり」といえば、真打ち昇進のときのこと。志ん生を応援してくれていた席亭が、紋付き袴を作り、加えて配りものの手拭《てぬぐ》いや扇子《せんす》を作っても十分おつりがくるだけの大金を出してくださいました。

周りは、当日、賑やかなお披露目《ひろめ》ができるよう「顔を作り」（出演者を頼み）、踊り手の芸者衆も手配し、ノボリも用意していました。

それなのに当日、当人は、いつものボロを着て現れました。先に着物を作るように渡されたお金は、飲む打つ買うで使い果たしてしまったのです。このようなしくじりは、大小様々数知れず、の志ん生です。それらをまとめて、こんな「哲学」にたどり着いたようです。

「自分の本分を全《まっと》うできたか否《いな》かは、死んでみなけりゃ分からない」
「この世では失敗も成功もない。しくじったか、上出来か、だけ」

地下鉄の切符落として平気なり（志ん生）

第四章

道楽と酒と旅

「大きい薬缶は沸きが遅いんだ、焦ることたぁない。小鍋はじき熱くなるが、冷めるのもじきだよ」

⑯ 道楽を持つと、苦しいときに踏ん張りが利くよ

必死に働く。もがき苦しむ。心も身体も疲れ切る。やっとの思いで生き延びる。

読者の方も、一所懸命に生きるために、様々な労苦のなかに身を置いているのではないでしょうか。これに耐え続けるためには、何らかのご褒美《ほうび》、インセンティブのようなものがあることも大切なはずです。

それは、美味しいディナーやスウィーツ、海外旅行やお買い物など、人によって異なるでしょう。なかには、心安まる家族の笑顔、という方もいらっしゃるかもしれません。損得ぬきの自分へのご褒美があることで、やり抜けることもあるのではないでしょうか。

そのインセンティブの一つに「道楽」があります。「趣味」に近いでしょうか。物を獲得することではなく、過程を楽しむようなことも、道楽のうちに入ります。道楽は、自分だけの楽しみ。家族やその他の人にどう思われるか、そんなことを考える必要はありません。

ところで道楽について、志ん生の著書『なめくじ艦隊』には、こんな記述があります。

「あたしなんぞ、道楽大学の優等卒業生なんだけれども、月謝はずいぶん高くついてますよ。何しろ在学期間が永かったんでネ」

この場合の道楽は、趣味ではありませんね。

それにしても「飲む」「打つ」「買う」の三道楽については、志ん生はかなりの年季が入っていましたから、そりゃあもう、ものすごい投資額です。これがなければ、などということは言いたくありませんが、相当に泣かされてきた祖母は、何度もそんな言葉が頭をかすめたことでしょう。家族をマイナスに巻き込む道楽ならば、すぐさま足を洗うべきです。

しかし、そんな志ん生が熱心に取り組んだ道楽もありました。それには、

小鳥を可愛がった時期もあった

たとえば川柳があります。そして、彼が所属した川柳会が「鹿連会《しかれんかい》」です。

いまや、俳句や川柳をやる噺家は珍しくもありませんが、戦前戦後の時代にも噺家のあいだで川柳がブームになった時期がありました。その引き金になったのが「鹿連会」でした。

「鹿連会」は、昭和五年、川柳作家であり粋人《すいじん》として高名であった坊野寿山《ぼうのじゅざん》を宗匠《そうしょう》に、四代目・柳家小《やなぎやこ》さん、五代目・三遊亭圓生《さんゆうていえんしょう》が中心となって、一五名の噺家などが参加してスタート。が、戦争の足音が迫るなか、第一次の会は二年で自然消滅しました。

しかし戦後の昭和二八年、再び寿山のもと「鹿連会」が復活します。メンバーは当時の落語会を引っ張る重鎮《じゅうちん》ばかり。桂文楽、六代目・圓生、五代目・小さん、五代目・古今亭志ん生などなど、メンバーは一二名でした。この第二次「鹿連会」は、以後、一〇年以上にわたり、ほぼ毎月句会を開きました。

古典落語を聴いたことがある方はご存知だと思いますが、噺のなかでの演出や場面を変える際、川柳を入れることがよくあります。そのようなことから、もっと川柳を学ぼうとして始まった会だったようです。

父・馬生も第二次からメンバーに入っていましたが、本当は川柳よりも俳句のほうが好

「鹿連会」のメンバーの面々

きでした。一方の祖父は、川柳は俳句と違って「縛り」が少ないので、自由にできると好んでいたようです。もちろん、少しは自分の芸にも役立てたいと思っていたはずです。

私は川柳の上手、下手は分かりませんが、祖父らしくて私が好きなものを紹介したいと思います。私の独断で、志ん生のベスト一〇の句を選定しました。

「丸髷《まるまげ》で　帰る女房に　除夜の鐘」
「焼きたての　秋刀魚《さんま》に客が　来たつらさ」
「こわくない　包丁を持つ　とうふ売り」
「恵比寿様《えびすさま》　鯛《たい》を逃がして　夜逃げをし」
「鼻歌は　忘れたとこが　しまいなり」
「まるくして　四角に匂う　こたつっ屁《ぺ》」

「干物《ひもの》では　さんまは鰺《あじ》に　かなわない」
「スのあるが　大根仲間の　不良なり」
「蚤《のみ》の子は　親の仇《かたき》と　爪を見る」
「お祭りは　江戸の姿の　形見なり」

また後年、志ん生自身は、こう書いています。
「あたしの趣味といえば、今のところ将棋と釣りくらいのものですが、なぜ釣りがすきかといえば、魚てえものはダマっているからなんですよ。鮒《ふな》なんぞ釣りあげるでしょう。こうピンピンはねるけれども、なんともいやァしない。あれが気に入ってますよ」（『なめくじ艦隊』）
なんだかよく分からない理由ですが、晩年は、自宅の庭にあった、ひょうたん形の池に水を張って、そこに金魚を入れ、釣りを楽しんでいました。

安物を買って一人でほめている（志ん生）

息子の馬生と将棋を指す

あと忘れていけないのが、骨董道楽です。骨董好きというより、正確に言うと、古道具屋通いが道楽の一つでした。本人はそうは思っていなかったかもしれませんが。

骨董といえば、その人の収集するテーマがあって、それに沿ったコレクションをするのが普通です。そして、そのコレクションを眺めたり、人に見せて蘊蓄《うんちく》を語ったり。投資目的の人もいるでしょう。

一方、祖父は何かを買っても、すぐに売ってしまいます。テーマなんぞもありません。いつも行き当たりばったり。たぶん、コレクションをひけらかしたり、投資として儲《もう》けるといったことにはぜんぜん興味がなく、店の主人との駆け引きが楽しかったのだと思います。

こんな話を父から聞いたことがあります。

あるとき志ん生が、「なんか鉄瓶《てつびん》が欲しくなったね、鉄瓶は湯が沸くてぇと、さらさらって松風の音がしていいねぇ」と、父を誘って道具屋へ。道々、父に説きました。

「道具の買い方を教えてやる。売れそうもないのを買うふりをして、道具屋がそれに気を取られてる隙に、本当に欲しいものを、これはいくら？　まかんない？　って言って安く買っちゃう。はな（最初）のもんは買わない」

父は、そんなんでうまく行くかなあ、と思いながら店に入る。入ったら端に鍬《くわ》がある。それ見て志ん生が「これいくらだい？」と聞いても道具屋は知らん顔。もう一度聞くと、「おやめなさいな、しょんべんでしょ」と言われてしまった。

その道具屋、落語の「道具屋」を聞いて、その内容を知っていたのだ。「道具屋」の噺のなかでは、買わずに冷やかす客を「しょんべん」と呼ぶのです。これは、「蛙《かわず》のしょんべん、いけしゃあしゃあ」という語呂合わせから来てるのだそうです。

これを道具屋に先に言われちゃったもんですから、バツが悪くなった志ん生。

「いや、しょんべんじゃないよ。買うよ、いくら？　そう、まかんない？　うん買うよ」

要りもしない鍬と安くならなかった鉄瓶を買って帰りました。

何年も庭の隅に放ってある鍬を見ると、バツの悪そうな志ん生の顔を思い出して、家族はおかしかったそうです。こういうことも肥やしにして、噺を、芸を、さらに磨いたのでしょうか。

また、こんなこともありました。

煙草入れを愛でる志ん生

一時、落語家仲間のうちで「煙草入れ《たばこ》」を集めることが流行《はや》った時期がありました。志ん生も、骨董屋で買ったり、他の落語家から分けてもらったりして、結構な数を持っていました。

そんなあるとき、馬生は、志ん生から上等な煙草入れをもらいました。しばらくして志ん生が、それを貸せというので、貸し出した。けれどもなかなか返ってこないものだから、馬生が「もらった煙草入れは、どこ行きましたっけ?」と聞く。するとと志ん生は、「ああ、実は売っちまった」

……。

一〇万で買ったものを五万で売って何かを買い、それをまた二万〜三万で売る。志ん生は、こんなことを繰り返しており、呆《あき》れてしまったと、父も嘆いていました。本人はそれなりに楽しんでいたのでしょうが。

いずれにせよ、道楽は、人に力と潤いを与え、生きる喜びとなることは間違いありません。人に何と言われようが、自分が没頭できそうな道楽を何か一つは持ちたいですね。ただし、人に迷惑をかける道楽だけはダメです。

⑰ 習いごとをすると、違う自分が見つかるよ

祖父・志ん生は、落語以外、他人に何かを習うということがありませんでした。もっぱら自分の遊びのなかから様々な発見を得て、それを吸収していたようです。ただし、浅草界隈《かいわい》を根城にした悪ガキ時代だけは、「飲む」「打つ」「買う」のいわゆる三道楽について、悪い仲間たちから相当に仕込まれたことは間違いありません。

著書でもこんなことを書いています。

「むかし、吉原なんぞ遊びに歩いたおかげで、廓《くるわ》のことなどよくわかってるから、こういうのが廓ばなしの中で生きてくる。貧乏暮らしをさんざんしたおかげで、こういうのが長屋ものの中で自然と出てくる。バクチなんぞもずいぶんとやったおかげで、そういうのがはなしの中に必要あるときは、別に本なんぞ読まなくったって、スーッと生きてくる」（『びんぼう自慢』）

志ん生の廓ものは、本当に巧《うま》かったと言われています。それでお国からありがたい賞までいただいているのですから、ホンモノです。普段の生活や遊びが芸に活かされるというのも、いかにもという感じですが、こんなこともあったそうです。

満州からの二年ぶりの帰国の船中でのこと。

「船ン中では、みんなが当番でもっていろいろな仕事をやるんだが、あたしときては力仕事なんてえものはからっきしダメだから、おしゃべりのほうで慰問するんです。落語ォやってみんなに笑ってもらう。芸は身を助けるてえのはこういうことですよ」（『びんぼう自慢』）

その引き揚げ船の情景を思い浮かべると、私は胸が熱くなります。みな何年も本当に辛い思いをしたあと、日本に帰れるだけで、どれほどうれしかったことか。そういう人々が目を輝かせ、何年ぶりかの幸福感に浸《ひた》り、熱気に溢《あふ》れていたに違いありません。そんな環境のなかで聞いた落語は、生涯忘れられないくらいの面白さや楽しさがあったのだと思います。

でも、誰よりも、そこで落語を口演した志ん生が、一番幸せを噛みしめていたことでしょう。きっと何席もやり続けたのではないでしょうか。

結局、志ん生が磨き込んだ芸が助けたのは自身であり、それを聞いた名もなき人々だった。こんな芸を持つ志ん生と、引き揚げ船という複雑な環境で口演した心意気を、私は誇りに思っています。

頑固で照れ屋の江戸っ子ですから、この話はサラッとしか話しませんでした。が、満州で経験した地獄のような辛さ、人間の冷たさ、一方で温かさを知ったことは、志ん生の人生に大きなインパクトをもたらしたはずです。

さて、こんな祖父と対照的なのが父・馬生。イキな趣味人でしたので、様々なお稽古ごとに通っていました。

日本舞踊《ぶよう》は一〇代から坂東流《ばんどうりゅう》を習い、名取りになるほど。母とはこのお稽古場で知り合いました。弟子同士の恋愛関係はご法度《はっと》ですし、二人とも真面目《まじめ》。現在のように気軽に男女が話したり、すぐにデートとはなりません。お稽古場で会うと、そっと俳句を送り合うという、色っぽく素敵なお付き合いだったそうです。

その他にも茶道、華道、長唄、小唄などなど。

絵画は子供のころから上手で、二〇代になったころから日本画家・鴨下晁湖《かもしたちょうこ》先生から本格的な指導を受けます。その後、志ん生が付き合いのあった横山大観《よこやまたいかん》先生に習いたいと直接参ずるも、「君に教えることはない」と言われ、二人で酒を飲みながら絵を描いて遊んだそうです。

余談ですが、馬生は子供のころから身体が弱く、祖母が内職している横で絵を描いて過ごすことが多かったそうです。絵心があった祖母から絵を教えてもらっていたようです。三～四歳のころには、映画のポスターか何かを見たらしく、道路に等身大の（自分の身体の三倍くらいもある）チャップリンの絵を描き始めたとの由。すると大人が感心して立ち止まり、次第に黒山の人だかりができた。この話は、伯母に何度も聞いたものです。

他には写真も玄人《くろうと》並み。俳句もうまい。何しろ趣味の多い父でしたが、祖父と一緒で、すべて落語のためと、芸の肥やしにしていました。

素人の歌う都々逸《どどいつ》尻上り（志ん生）

いまの時代は、以前にも増して様々な習いごとに溢れています。インターネットが発達しているから、指導者へもアプローチしやすいですね。時間に多少の余裕があるのなら、興味を持ったことを習ってみてはいかがでしょう。

師匠が美しいとか、男前だとか、それ目当てでも良し。歳は関係ありません。やってみてしっくりこなければ止めればいいのです。まずは自分が楽しいか楽しくないかをすべての基準にすべきだと思います。

そのようにやってみてモノになりそうなら、とことんやってみる。結果、芸は身を助ける、くらいになったら儲《もう》けもの。

また、習いごとを通じ、日常から離れた別の視点で自身を見ることができるかもしれません。これまで接点がなかった新しい友人も見つかるかも。ですから道楽を探せないときは、習いごとがオススメです。

間違いなく志ん生も、そう言うはず。もしかすると、自分の知らなかった才能を、その師匠が引っ張り出してくれるかもしれません。

遊び人だった青年・美濃部孝蔵も、最初の落語の師匠に会う機会がなかったら、その後の志ん生はなかった。芸は身を助ける。芸事の一つくらい持っておきなよ、という感じですか。

⑱ 酒を上手に飲むとね、人生が広がるよ

人生の潤滑剤、気分転換などなど、お酒の効能は様々。おいしいお酒を楽しむことは、大人の特権です。

志ん生の朝は、茶碗酒からはじまりました。大が付くほどの酒好き。もう、生活というか、人生の一部になっていました。

本人は著書で、こんなことを言っています。

「ある人が、

『ねえ、師匠、三道楽のうち、どれが一番たのしみです』

ときくから、あたしァ迷わず、酒と答えましたが、やっぱり、人間年ィ取ると、酒のたのしみが一番あとまで尾ォ引きますよ」（『びんぼう自慢』）

また、「あたしが、酒ェ好きなことは、お客さまがたがよくご存知だとみえて、方々からウイスキーだの、ブランデーてんですか、外国の酒ェ持って来てくださいますが、あたしァ根っからの日本人のせいか、どうもアチラの酒てえのはいけません。酒は日本酒にかぎりますよ」とも。

志ん生は、落語の登場人物の熊さん八《は》っつぁんと同様がぶがぶと一気に飲む人で、江戸時代の職人的な飲み方をしました。

「大病をする前はてえと、朝、ひる、晩、それに寝る前と、一升びんを一《いち》ン日《ち》に四回にわけて、冷やのまんまあけるのが楽しみでした」という結構な飲み方です。

ちなみに、志ん生の定番は「菊正宗《きくまさむね》」。これを常温でいただきます。もちろん、洋酒などのいただき物はたくさんありましたが、もっぱら床の間の飾りで、日本酒一辺倒《いっぺんとう》が志ん生流です。

お酒による「しくじり」も相当なものです。高座をすっぽかす、噺を途中で切り上げる、仕舞いには高座で寝てしまう、などなど枚挙に暇《いとま》がありません。

先の演芸評論家の矢野誠一さんも、このようなことを書いています。

「ふだんの、それほど酔っていないときの志ん生ですら、『やるか、やらないか』が問題にされていたくらいだから、泥酔したときに真剣な高座がつとめられるわけがない。そんな状態の志ん生に、いつも客は惜しみない拍手を送ったのだから、やはり不思議な落語家であったというほかにない」（『志ん生のいる風景』）

そして、その理由について、このように解釈しています。

「世間体《せけんてい》を気にし、自分の仕事をまもろうとする意識から、いつもおのれを殺すことを強いられている客にとって、そうしたことからまったく超越してるようにうつる志ん生の生活態度は、格別うらやましく見えたに相違ない。高座に酔いつぶれた志ん生の姿に、あるカタルシスを感じた客も、少なくなかったわけで、そうした客にとっては、志ん生の、やる、やらないなど、どうでもいいことであった。やらない志ん生にすら、より一層の魅力を感じたはずである」

さて、父の馬生も、やっぱり酒好き。ただ、まったく飲み方が反対。ゆっくり味わいながらトロトロと飲むのが好みです。当然、祖父と違い、いくら飲んでも家族に迷惑をかけるなんていうことはありませんでした。

息子の馬生と一献

「親父のように、酔いたくて飲むような飲み方じゃ、お酒に失礼だ」と父は言っていました。一方の祖父は、「あんなぐずぐず飲むなんざぁ、じれったくていけねえ」です。二人は同じ酒飲みなのに、一緒に飲むとケンカになるので、親子で飲むことはほとんどありませんでした。

そんな馬生は「夜明けのビール」から一日が始まります。夜明けといっても午前六時～七時ころですが、噺家の家では夜明けです。毎日そのくらいの時間に起きてトイレへ行き、台所の冷蔵庫からビールの小瓶を一本出し、布団に戻って冷たいビールを飲む。そうして、もう一眠りです。

その後、お弟子さんの掃除が終わるころ再

び起き出し、着替えを済ませ、神棚にご挨拶。お酒を薄いガラスのコップに注ぎ、チビチビ飲みながら、朝食のできるのを待ちます。それくらい酒を愛する父ではありましたが、祖父と違って、酒の上での「しくじり」など皆無でした。

矢野誠一さんの著作『志ん生のいる風景』にも、こうあります。

「そのあたりが同じ酒飲みの親子でも、志ん生とはちがっていた。酒の上のしくじりで、仲間うちの評判を落した時代の長かった父親を、実際にその目で見ているだけに、『親父とはちがう』ところを見せようという意識が、馬生には必要以上にあったように思われる」

祖父は、朝食を食べる前にキューッとお酒を一気飲みし、大きい茶碗でがぶがぶご飯を食べます。おかずは決まって納豆。こんなに酒飲みな志ん生ですが、二日酔いなどという姿は見たことがありません。いつでも飲んでいるので、一日目と二日目の境がないからなのでしょう。

鼻唄で寝酒も淋し酔心地（志ん生）

晩年、祖父は父のことを「おれの親父にそっくりだ」とこぼしていました。

そんな二人の美濃部家は、天明《てんめい》のころから徳川幕府の直参《じきさん》の旗本で、三〇〇〇石の知行を拝領していました。曽祖父《そうそふ》は分家になりましたが、八〇〇石はいただいており、いまの文京区小石川《こいしかわ》にあった屋敷に住んでいました。

根は真面目で侍の了見、祖父に言わせると堅物《かたぶつ》でした。が、代々続く若様ですから粋《いき》な趣味人で、髷《まげ》を結い直して町人のようにし、着流し姿で芝居見物や吉原へ遊びに行っていたそうです。遠山の金さんみたいな曽祖父ですね。

でも祖父のようなワルではありません。何代も続く旗本の若殿で、何不自由なく暮らしていたのですが、明治になってから侍は、土地も屋敷も取り上げられました。徳川直参の旗本には、いまで言う退職金のようなものが出ていたとはいえ、まさに陸に上がったカッパ状態。どうお金を使ったらいいのか分からず、人に騙《だま》されて取られたり、殿さま商売で失敗したりと、あれよあれよという間に貧乏になってしまったそうです。

でも、芯の真面目さは変わりませんから、祖父の素行は許せず（当たり前ですが）、口うるさく叱《しか》ったのは当然です。その曽祖父と私の父・馬生の性格も顔もそっくりだと、志ん生は言っていました。

お酒の楽しみ方は人それぞれだと思います。その人に合ったスタイルで、酒の力を少々借りながら日々の疲れを癒やすことができれば、最適な息抜きとなり、ストレスからも解放されるでしょう。

しかし、酒の力を借り過ぎて大暴れ、というのはどうもいけません。あくまでほどほどに、しっぽり粋にやりたいですね。

最近は、日本酒が復権し、様々な蔵元から魅力的なお酒が多数生まれています。焼酎《しょうちゅう》も同様です。どうせいただくのなら、様々に試してみて、その季節季節の自分の定番を見つけるのも一興《いっきょう》です。

また、せっかく日本に暮らしているのですから、酒器にこだわってみるのも良いでしょう。日本は器の宝庫。殊《こと》に味のある焼き物との出会いは、酒の旨さを引き立てるだけでなく、素晴らしい雰囲気も作ってくれるはずです。

志ん生は満州時代、自殺するつもりでウォッカを六本、一気飲みしたことがあります。この件を抜きにして、志ん生が生涯で最高に飲んだのが、戦争中、そろそろ日本に物資がなくなってきたころのこと。かの大横綱・双葉山《ふたばやま》と「呑みっくら」（飲みくらべ）をしたそうです。

双葉山は明治四五年生まれの三五代横綱。昭和一一年から一四年にかけて、前人未踏の六九連勝という大記録を打ち立てました。この記録は、いまだに破られていません。日本中を沸かせたこの大横綱は、祖父・志ん生も、大ファンでした。

祖父もまともな生活ができるようになっていた時期でした。ある日、横綱から酒があるからと料亭に招待され、大喜びで一番上等な紋付き袴を着込み、雪のなかを出かけていきました。

東京の食糧が乏《とぼ》しくなっているというのに、鍋をつつきながらの旨い酒、この世の天国。そのとき双葉山から飲みくらべの誘いがありました。

何でも双葉山は力士のなかでは弱いほうだというので、さっそく始めますが、二升飲んだらもう腰砕け。降参して帰ってきたそうです。そうして、足元ヨレヨレ、こけつまろびつ、やっとの思いで家にたどり着き、玄関で高鼾《たかいびき》。

翌日、着物と袴を洗い張り（着物をほどき生地を洗って縫い直すこと）に出したが、もう着られない代物《しろもの》になっていたそうです。高いお酒になってしまいました。

さすがに本人、「弱いって言ったたって、あれだよ。酒の強い力士なんざぁ、どうなっちゃうんだろ。力士と呑みっくらは、もう絶対しねぇ」です。

　このように志ん生が愛した日本酒を、もっと味わって欲しいと思います。日本酒の醸造技術は、すでに平安初期には、現代と変わらないものになっていました。いまさらながら、日本酒は、日本人が世界に誇れる日本文化の代表だと思います。日本酒の一滴に宿る日本の自然、気候、風土に感謝し、伝統文化に思いを馳《は》せながら味わうべきでしょう。

　志ん生流、馬生流、飲み方は自由。ワイワイと、仲間たちと一緒に。もちろん、一人酒も良し。とにかく美味しくいただく。できれば、旬の肴《さかな》とともに。

　こうして、自分のお酒のスタイルを作ることができると、そこが先に書いた居場所となります。

　ところで晩年の志ん生。亡くなる間際まで酒を切らさなかったようです。ただし最晩年は、伯母が二割くらい水で薄めたお酒を作っていたそうです。

「なんだか最近の酒は薄いねェ」とかなんとか言いながら、それでも旨そうに飲んでいたとか。

⑲ 旅をするとさ、人生にメリハリがついて元気になるよ

噺家が旅に行くというのは、地方興行のことを指します。そういう意味では、祖父も父もよく旅に出ました。

そのなかでも、祖父の最大の旅は、戦時中に満州に行ったこと。先にも書きましたが、大変な旅、そして一番の遠出でした。

ところで噺家は、基本的に、お呼びがかかればどこへでも出掛けてゆきます。まだ祖父が若い時分は、東京では稼げない芸人が地方巡業をして歩くのは当たり前。座長格の芸人が何人かに声を掛け、寄り集まって一座となり、地方の寄席や芝居小屋を回ります。

いまと違って移動に時間がかかるので、遠くに出かけると一ヵ月くらいの長丁場となることも多かった。なかには座長が売り上げを全部飲んでしまったり、突然「トンズラ」してしまったりと、ハチャメチャなこともあったようです。

それでも祖父の場合、地方の席亭さんが可愛がってくれ、独演会のようなものをさせて

もらいましたが、それが大当たりするなど、自らの芸に自信を深めることができた良い旅もあったそうです。

いまどきの噺家さんは、九州や北海道でも飛行機でひとっ飛び。全国各地はもとより、海外での口演をされる方もいますし、なかには英語で口演される方もいます。いま落語は、海外でも評価される演芸なのです。

ただ志ん生は、こうした仕事の旅はどんなに長くてもできるのに、プライベートな旅ができない人でした。いや、できないというより、楽しめない人でした。

こんなことがありました。たまには夫婦そろって温泉でもと、子供たちが三泊四日の旅行をプレゼント。二人連れだって出ていったのですが、翌日には帰ってきてしまいました。

祖母に聞くと、旅館に行ったはいいが、祖父はどうも落ち着かない、しまいにはイライラが募ってしまい、結局、一日で切り上げて帰ってきた、とのこと。リラックスどころではありません。こんな調子ですから、おそらく夫婦そろっての旅行など、生涯せいぜい一回か二回だったと思います。

そんな祖父ですから、外出はもっぱら自宅界隈《かいわい》、神田や谷中近辺の散歩。そして、釣り堀や骨董屋に出掛けることくらいでしょうか。その間、何を見、何を考えたのか、いまとなっては知る由もありませんが、ある程度リフレッシュできたであろうことは間違いないと思います。

一人ではおもしろくない温泉場（志ん生）

ここで「ハレ」と「ケ」の話。これらは古来、日本人が大切にする考えです。すなわち「ハレ」とは非日常の特別なこと。それに対し「ケ」とは日常を指します。たとえば、「晴れ着」「晴れ舞台」の晴れはハレであり、非日常の姿なのです。特別な状態であるハレが、通常であるケを維持するためのパワーの源とも考えられているようです。ハレは日常生活に力や潤《うるお》いを与えるものなのかもしれません。またハレは、普段の生活のモチベーションとも言えるのではないでしょうか。

その考えに則《のっと》れば、旅はハレの行動。それに対し普段の生活はケということになり、旅は日常生活を支えるものかもしれません。

さて、日本人は元来、旅行好きです。江戸の世では伊勢参《いせまい》りの爆発的な流行は知られて

います し、元禄《げんろく》時代には、すでに観光産業が盛んでした。実際、元禄時代に日本を訪れた外国人の多くが、その手記で、日本の街道を行き交《いか》う旅行者の多さに驚いているほどです。その後も幕末まで勢いは止まりません。

私たちが学校の歴史で学んだ江戸時代は、幕府の支配層だけが贅沢《ぜいたく》をして、庶民が貧しく辛い思いをしていたと、勘違いしている人も多いでしょう。ところが実際は、ある程度生活に余裕があれば、誰でも旅を楽しむことができる時代でした。感覚的にはいまの庶民と大差はありません。

勝手に旅ができない禁足令はありましたが、やましい目的ではなく、神仏参拝などの届けを出せば、手形を出してもらえました。

いまも昔も、短期間でも住み慣れた場所から離れて暮らすことは、「転地療法」と言われるくらい、心と身体をリフレッシュしてくれます。日常から物理的に離れることで、自分自身に対する新しい発見があったり、新しい出会いがあったりする楽しさもあります。

志ん生の時代は、まだ今日ほど交通の便が良くありませんでした。特に海外への渡航など、一般人にとっては高根《たかね》の花。しかし最近は、格安航空券なども出てきて、割合と安く海外にも行けるようになりました。

ただし、おそらくいまの時代に当の志ん生が生きていたとしても、進んで飛行機には乗らない感じがします。「あんな鉄の塊が空を飛んでいけるたあ、信じられないね」なんて言ったりしそうです。

ちなみに江戸庶民の人気コースは、富士詣で、大山《おおやま》詣で、江の島詣で、成田詣で、長旅になると、お伊勢参りなど。神社仏閣への参拝は、手形さえ持っていれば自由でした。しかも、九州から東北まで日本中に神社仏閣があるのですから、当然ルートも自由です。

たとえば幕末のころになると日本中のガイドブックがあり、旅の不自由はありませんでした。街道や宿場は整備され、著名な観光地にはガイドも居ました。

また、よほど辺鄙《へんぴ》なところに行かなければ、女の一人旅もできました。女ばかりの温泉旅行も盛んでした。いわば、現在の女子会ですね。

落語にも登場する日本人の旅。それは、ハレとケを意識して使い分ける、人生にメリハリをつける行為です。志ん生は、ちょっと不得意だったようですが、海外旅行だけではなく、昭和や江戸の人たちのように、この豊かな自然に恵まれた日本を旅してみてはいかがでしょうか。

⑳ たまには和服を着て街に出りゃあ、いい心持ちだよ

　ここまで読んでいただければお察しくださると思いますが、当然ながら志ん生は、着物には無頓着《むとんちゃく》。なにしろ若いころは、着物が質屋と自宅を行ったり来たりの生活でした。好きでそうしていたわけではありませんが、仕事がなくお金がないとき、自分の生活の優先順位においては、着物より酒に軍配が上がってしまうわけです。

　そのしわ寄せは、高座での着物（トバ）にも及びます。上野の鈴本亭（現在の鈴本演芸場）で行われた真打ち披露《ひろう》。この晴れの日のために席亭が出してくださったお金で身なりを整え、配りものの手拭いや扇子《せんす》を揃えるはずだったのに、飲んで遊んでスッカラカン。当日は、寝間着のような着物で登場、周りを呆れ返らせたのでした。本人には着物でなく実力で、という気概があったようですが。

　席亭、仲間、お客様に配る手拭いも扇子もない披露目《ひろめ》など、聞いたこともありません。祖父が反面教師となったかどうかは分かりませんが、息子二人の身なりは、どのような

場面においても隙《すき》のないものでした。

後年の志ん生は、家族を呉服屋に行かせて相応なものを誂えてもらい、それをどうこう言わず着ていたようです。こだわりといえば、雪駄《せった》は徳利《とっくり》と杯《さかずき》が並んだオリジナルのデザイン。これを雪駄の面に焼き印していました。

あとは帽子でしょうか。いま残る志ん生の写真を見ても、帽子はたびたび見かけます。夏はパナマ帽、冬はソフト帽。私の子供のころは、着物でも帽子をかぶっている男性を見かけましたが、いまはまったく見かけませんね。

いずれにせよ、志ん生を真似ろ、とは申しませんが、自分らしいスタイルのようなものができあがっていれば、それがその人のトレードマークのようになります。すると余計な衣服を買う必要もなくなり、効率よくファッションを楽しめるのかもしれません。

ところで志ん生は、高座はもちろんのこと、どこに行くにも着物で、自分の洋服は一着も持っていませんでした。靴も持っていないどころか、そもそもほとんど履いたことがありません。もちろん仕事の関係で、必要に迫られて着る場合はあったので、その際は洋服を借りていたのだと思います。

太平洋戦争が始まったころのこと。街から笑いが消えてゆくなか、落語や演芸などの関係者も戦争に協力しているところを見せなくてはなりません。そこで、協会関係者が国民服姿で上野をパレードすることになりました。高座では着物の芸人も、普段は国民服を着て国家国民を応援している、といったイメージを持ってもらう目的があったようです。

さすがの志ん生も、このパレードに参加しなくてはなりません。国民服に革靴。靴を履いたのは、このときが最初で最後と聞いています。

ところがパレードで数歩歩いただけで「足が痛い」と騒ぎ出し、とうとう耐え切れなくなって、途中で逃げ出してしまったそうです。そして、その逃げた先が賭場だったというから、いかにも志ん生らしいですね。

三助が着物を着ると風邪をひき（志ん生）

さて、海外からのお客様が三〇〇〇万人になるかという昨今ですが、浅草などに参りますと、レンタル着物を着ている外国人観光客をよく見かけます。日本の文化を手っ取り早く感じられるのが着物、というわけです。でも、せっかく日本に生まれているのですから、外国人任せにしないで、日本人も和服を着てみませんか。

特に男性は髪を結う必要もありませんし、帯も簡単に結べます。普段着なら柔らかい兵《へ》児帯《こおび》もあります。着てみると意外と楽ですし、気持ち良さに驚くはず。夏なら身体に布を一枚巻いているだけと想像してみてください。

家では襟《えり》をゆったりはだけていても、出かけるときは襟をきちんと直せば良し。恰幅《かっぷく》が良いほど似合います。帯を締める位置など、ちょっとしたコツさえ覚えれば、どなたにも似合うのが着物。男っぷりが上がりますよ。

もちろん女性も、普段着用の着物なら肩肘《かたひじ》はらずに着られますし、半幅帯で背中が出っ張らない結び方もあります。

髪も簡単にまとめて、こうるさいおば様方の蘊蓄《うんちく》など気にせず、好きなように気楽に着て欲しいものです。特別どこかに出かけずとも、近所をゆっくり散歩したり、ふらっと飲みにいく。日常とは違う自分を発見できますし、気持ちが切り替わります。

いずれにせよ、世知辛《せちがら》い社会生活のリセット法は、いくつか持っていたいものです。和服というリセット法も、ぜひお試しいただきたいと思います。

第五章

逃げて勝つ人生

「何をやってもいいんだよ、でもどうでもいいわけじゃない」

㉑ 空気なんざあ読まねえで、嘘も方便で生きなよ

もうここまで読んでいただいた方に説明の必要はないと思いますが、志ん生の性格を一口で言うとしたなら、それは徹底的なエゴイスト。一緒に住んでいる家族やお弟子さんはもちろん、他人の迷惑を顧みず、自分の我を貫き通す。それも、強烈に。

周りの空気を読むなんてことは一切なし。このことは、生涯変わらず、それはそれでスジが通っていた。

戦後の話。そのころは大変な人気者で、一日に何度も高座を務めることが多かった。もういい年なので、後半のほうはだんだんと疲れてくる。いくつか回るから、ご相伴《しょうばん》にも与《あずか》る。そして、ある高座に上がったときのこと、マクラの途中で激しい眠気が襲ってくると、ついにウトウトしてしまった志ん生……。

そこに客席から、「どこで眠ってんだ！」。

そこへ別の客から、「疲れてんだ、寝かせてやれ！」。

このやりとりに会場大ウケ。なんとおおらかな時代か。どっと沸いて眠気が覚めた志ん生、自分の芸が受けたと勘違いし、喜んでいたとか。

とまあ、なんでも自分に都合良く捉えてしまいます。周りの空気などお構いなし。これだけ勝手で強情な個人主義なのに、なぜだか愛される。いちばん迷惑を被《こうむ》った家族からも。

これは、どうしてでしょうか。その答えは、彼がただの「丸太ん棒」ではなかったからだと思います。

落語「唐茄子屋政談」に出てくる因業《いんごう》大家のような我利《がり》我利《がり》亡者《もうじゃ》、血も涙もない、人情の分からない人を「丸太ん棒」と言います。人の形をしているだけで自分の利益しか考えない輩《やから》。江戸っ子の啖呵にも出てきます。

「何を言ってやんでえ。てめえなんざ丸太ん棒にちげえねえじゃあねえか。血も涙もねえ、眼も鼻もねえ丸太ん棒みてえな野郎だから丸太ん棒てんだ。呆助《ほうすけ》、ちんけえとう、株っかじり、芋っぽりめ。てめえっちに頭を下げるようなお兄いさんとお兄いさんの出来が少うしばかりちがうんだ。なにぬかしやがるんでい。大きな面《つら》するねい」

だが志ん生流のエゴイストは、私利私欲がなく、血や涙が通っている。もちろん人情も知り尽くしているうえで、自分の気持ちに素直な個人主義だったのだと思います。

みなさんは普段の生活において、周りの空気を読み過ぎて、惑《まど》わされていませんか。自分の気持ちに素直になって生きましょう。でも「丸太ん棒」にだけは注意、これを心がけてはいかがでしょうか。

言訳をしてゐる中にそばがのび（志ん生）

さて、勝手で強情っぱりな志ん生も、自分の気持ちに素直な、根は正直者です。

「江戸っ子は皐月《さつき》のこいの吹き流し、口先ばかりではらわたはなし」――志ん生も、口は悪いが心のなかはさっぱりしていて、悪巧みなどできません。だからなのか、志ん生の数知れないしくじりも、なんとか周りの協力でやり過ごすことができたのではないかと思います。

でも結局のところ、ばれてしまうと隠すこともせず、開き直る。そして、本当にヤバくなってくると逃げてしまう。そんな、子供みたいな人でもあります。ある意味、逃げるという忍法を持った忍者のごとく、自分を追い詰め過ぎない、志ん生流の処世術をそこに感じます。

実際に、本書の冒頭に引いた竹山恒寿氏は、志ん生をこうも評しています。

「この人は自由人だ。自分の思ったたままを振舞いたく、人から干渉をうけたりするのが大嫌いだ。そしてこれを実行する。周囲に適応しようがしまいが、そんなことはかまわない。これは奇妙な芸人だ」(『志ん生芸談』)

志ん生は、もしかしたら様々な外圧から自分を解き放つことができる、天才的な自由人だったのかもしれません。

素直な気持ち、正直な心は、とても大切です。しかし、みなが志ん生のような解放された自由人でいることはできません。どうしても切り抜ける必要があるときの手法として、逃げるという忍法がありますが、逃げずにかわす手法として、私は誰も傷つけず害のない「嘘」があると思います。

この嘘を上手に使うことで、世の中、なんとなくうまく収まるのではないでしょうか。嘘も方便、これは時としてアリなのです。

ただし、嘘の上塗りだけはやってはいけません。これは誰も幸福にしませんので。

㉒ 仇なんてね、逆に恩で返しなよ

嫌いと好きは表裏一体、陰と陽。どちらを選んでも大丈夫。でも当然、好きなことはスムーズに行きます。ただ嫌いなことは、意外と本人の思い込み。その良さに気が付かなかっただけで、やってみたら人生が変わるほどのチャンスに巡りあったり、出会いがあったりします。

では、何を感じたら絶対止めたほうがいいのか？　それは「違和感」ではないかと思います。

自分に理解ができない、表す言葉も見つからないような違和感がある人、場所、状況に接することがあったなら、さっさと逃げたほうが良い。どうせロクなことにならないんだから。

そんな自分の感覚を信じる。その感覚を磨くことはとても大事。様々な経験を積み重ねつつ、そのときに自分をとことん信じる勇気を持つことだと考えています。

二者択一を迫られる場面はあると思います。まずは自分の気持ちに素直になって、違和感を抱かないほうを選ぶ。このような「決め」も必要でしょう。そうして決めたら、結果はどうあれ、自分の判断を信じ、従う。仮に失敗したと思っても、それを受け入れる。

先の「週刊サンケイ」のインタビューで、いまの若い人に言いたいことは?との問いに、志ん生はこう答えています。

「不平いうことをなしにすることですね。人がオレのことをこういうふうにしたんじゃないか、そういうこと考えないことですね。〝仇《あだ》を恩で返す〟っていきたいね。そうすれば物事はいいですよ。ああいやがった、こんちくしょうじゃいけないね。一生懸命やって、お前さんがあったからこうなったというふうに恩を返したいですね。円朝さんがそういうことといいましたよ」(『志ん生芸談』)

「仇を恩で返す」とは絶妙ですが、自分の「決め」が、結果的に仇となることがあるかもしれない。それに対し不平を言っているヒマがあるのなら、恩で返すくらいの勢いでマイナスを返上する、そんな努力や工夫をする。なかなかできることではないかもしれませんが、マイナスをマイナスのまま放っておくことは避けたいですね。

でも、周りが違和感だらけ、逃げまくるだけでは事が前に進まないということもあります。そのためには、自分自身が強くなるような、自分の強みをいつどこでも発揮できるような「磨き込み」も必要だと思います。

前にも書いたように、志ん生は、どんなに貧乏でも噺の稽古だけは怠らなかった。若いころお金がなくて電車に乗ることができないときなど、どこへでも歩いてゆく。

「歩くといっても、ただボンヤリ歩くんじゃなしに、噺のけいこをしながら歩く。これがいちばん噺がおぼえられるんですよ」（『なめくじ艦隊』）

タクシーの値が折り合わずバスに乗り（志ん生）

また、こうも語っています。

「噺家にしても、ただ名前だけじゃダメなんで、その名前を保つためには、人知れぬ努力がいるんです。ある意味においては位置が上がれば上がるほど、余計な努力もしなければならないんです。つらい商売なんですが、人がつらいと思っても、あたしゃ好きで入ったんだから、さほどつらいと思ったことはなかったですね。まア、この社会の中じゃ、あたしなんぞ、自分から言っちゃおこがましいけれども、たちがよかったんでしょうね。だから、どうやらこうやらここまで来られたんですよ」（『なめくじ艦隊』）

自分の武器は何か。それが分かったなら、その「磨き込み」を忘れないようにしたい。人生において、これで救われることは絶対にあると思います。

志ん生は、芸を徹底的に磨き込んだ。それこそ、暇さえあれば落語の速記本などで稽古を重ねた。ただし、他人の前ではほとんど稽古をしている様子を見せない人でもありましたが。しかし、妻・りんはもちろん、家族や弟子たちは、稽古を欠かさなかった志ん生の姿を、しっかりとその目に焼き付けています。

人によって磨き込みのスタイルやその対象は異なるでしょう。たとえば、学生なら勉学やスポーツの何か一科目、一種目でも集中して取り組んでみる、ビジネスマンであれば業務の専門性を高めライバルとの差別化を図る、リタイア世代であれば自分の街の文化や歴史をじっくり学び、訪れる観光客にその魅力を伝える……その人だけのアイデンティティとなる何かを極め、たゆまずに取り組むことが大切だと思います。

そして、その結果は付いてくるのです。

実際に、志ん生は、若い時代に冷遇された仇を、師匠に、そして落語界に対し、絶え間ない努力により完成された話芸という恩をもって返したとも言えるのではないでしょうか。

先述の矢野誠一さんは、高校生時分に寄席で対峙《たいじ》した志ん生について、こう語っています。

「古今亭志ん生というひとは、ひときわつまらなそうな表情で高座に出てきた。高座について一礼して、口をひらくまで、このさえない、ふてくされたようにもとれる態度は変らない。それでいながらしゃべり出すと、不思議なことに寄席全体がぱっと明るくなるのである。その変り目が楽しかった。面白かった。ひとを嬉しい気分にしてくれた。少なくとも古今亭志ん生をきいているあいだだけは、寄席という悪場所通いをしている不良少年のいだくうしろめたさを忘れさせてくれたのだ」(『志ん生のいる風景』)

高校時分の矢野さんもまた、自分の好きに従い、それに志ん生が応えたということでしょうか。

㉓ 自分の違和感を信じればね、あとのことはどうにでもなるよ

先の通り、志ん生は、どんな貧乏でつらいときも落語の稽古だけは忘れなかったのですが、その著作のなかで、このようなことを語っています。

「つまり、なんですよ、努力とか工夫てえものは、別に落語の世界に限ったことじゃァない。どこの会社だって、どんな商売だって同じだろうと、あたしゃァ思いますねえ」（『びんぼう自慢』）

また、『なめくじ艦隊』には、こんな記載もあります。

「世の中てえものは、自然自然にうごいてゆくんですから、ウカウカしていると、おいてきぼりを食っちまう。なんといったって、ふだんの勉強ですよ。勉強もしないで遊んでいたんじゃ、ぜったいに頭のあがる時なんてきやアしませんよ。天才てえものもありましょうけれども、千人に一人か万人に一人で、それだって、勉強しないでいたら、すぐにくさってしまいますからね。芸なんてものは、はたから見ると呑気《のんき》そうだが、中へ入って見るてえと、これほどきびしい世界はありませんよ」

著作でたびたび稽古の重要性を説くことがありましたが、稽古の虫といわれるほど努力を積み重ねても、その終わりはありませんでした。最晩年になっても『圓朝全集』を枕元において、それこそ背が擦《す》り切れるまで研究していたのですが、もうそこには芸を究めるという執念のようなものしかなかったと感じます。

　仕事に対して努力や工夫を尽くすことが大切であることは、どんな職業にも言えることですが、自分なりにやったら全部うまくいくかというと、そうではありません。

　志ん生も「週刊大衆」のインタビューで、高座の途中で噺を忘れたことは?との問いに、こう答えています。

「そりゃあ駆け出しのころはしょっ中ですよ。でえいち、高座へ上がってて、お客さんの顔が見えねえんですからね。落ち着こうと思って右手に置いてある土びんをとって、左手にもった湯のみへお茶をつぐ。ところが、お茶が湯のみにへえらねえで、ザーザーこぼれてる、てなもんですよ。お客さんだって何の話かわかりゃしないですよ。だってしゃべってる本人が、何しゃべってるかわからねえんですからね」(『志ん生芸談』)

　どんな名人だって、若いころの様々な失敗があっての現在です。それこそ芸の肥やし。志ん生の場合は、酒やお金によるしくじりも多かったようですから、失敗は本当に「しょっ中」だったのかもしれません。

　どなたにも失敗の経験がおありだと思います。本書でも再三、志ん生の言葉や経験を引いていますが、その失敗をしっかり自分の肥やしにするのです。このとき失敗をどう意味付けるかによって、失敗があとに長引かず、結果的にストレスの軽減にもつながると思います。

でも、あらゆる努力をしても、どうにもならないときがあります。そんなとき、やはり、逃げてしまうというのもありです。逃げは江戸っ子の得意技でもあります。「勝手にしやがれ」の逃げ。まあ、ほどほどにですが、ストレスがかかり過ぎて病気になってしまうなど、愚の骨頂《こっちょう》。そうなる前に使う奥の手ですね。

薄情な奴でも煙る炭に泣き（志ん生）

物理的だけでなく精神的にも、事態から離れて観察してみると、状況はずっとよく見えることがあります。

普通はとてもできませんが、極端な個人主義の祖父は、実は自分の出番を抜いてしまうこと（「出番を抜く」とは、仕事に行かないこと）がありました。若く売れない時分からそうで、売れっ子になってからも、そこは変わりませんでした。

「なんか行くの嫌んなっちゃったから、ヨシちゃった」

「酒ぇ飲んでて忘れちゃった」

芸の虫でありながら、それをお客様に聞かせるという段になると、超個人主義的な考えかたが出て、気分が乗らないとやらない。逃げる、となるのです。

父・馬生が一番驚いたのは、志ん生が、何と自分の独演会を抜いたことです。独演会というのは、その人だけの落語会。お客様は大入り満員。父は志ん生が上がる前に一席だけ演《や》るため楽屋入りしていたのですが、何時になっても志ん生が来ない。

しようがないから、父は日舞を踊ったりして時間をつなぎ、やっとの思いで一時間半くらい引き延ばしていると、酔った志ん生が現れた。独演会なのに軽く一席やって終演。それでも、お客様が怒らない。本当に不思議な人です。

だいたい普段の寄席でも、お客様が今日は志ん生は落語をやるかね？どうだろう？などと賭けをしたとか。そんなこと、本来はあり得ないですよね。

落語家が、寄席で高座に出てきても、気分が乗らないと五分くらいで下りちゃう。それでもお客様は怒らない。こうなると、もはや仙人の域。これこそ、志ん生が積み重ねてきた究極の芸、お客と演者との関係性と言えるのかもしれません。

現在、私は落語会の企画運営をやっています。志ん生が赤の他人で、仕事を頼む側でしたら、恐くて頼めません。ですから、若い時分は仕事が来なかったのは当たり前だと思います。先のように、売れたあとでも気が乗らないと仕事に行きませんでしたし……。

ただ売れっ子になってからは、その勝手っぷりもなぜか魅力として扱われる。まあ、ここまで仕事に無責任なことはできませんが、状況によっては行かずに済ませることがあってもいいのです。

どう思われようと、自分が居なければ、その場には自分に代わり別の人が入る。結果、そこに合う人が最善だ。自分がその場に違和感を抱くようなら、それは間違いなく自分に合っていない。その環境にフィットした人は必ず別にいる。

もしかしたら、志ん生は、そんな違和感にとても敏感だったのかもしれません。

誰にでも、多かれ少なかれ、試練の時は訪れます。時には難しい選択をしなければなりません。

でも、その判断に意味付けするのは自分。他人には自分のことは分からないのだから、無駄なことは考えない。そして、違和感に対しては、志ん生のように、自分の心に素直な選択をすることです。

㉔ 自分でケリをつけられるなら、逃げてもいいんだよ

「世の中を渡るのは、将棋を指すのと同じですよ。逃げ逃げ、逃げ逃げして結局、勝たなくちゃあ仕方がないんだから」（「オール讀物」昭和三九年三月号『志ん生芸談』）

　志ん生は入門以来、ものすごい回数の改名を行ったことでも知られています。本人は「オレの最初の師匠は、四代目・橘《たちばな》家《や》圓喬《えんきょう》という大名人」と、ことあるごとに話していましたが、実際のところは二代目・三遊亭《さんゆうてい》小《こ》圓朝《えんちょう》に入門して、まず三遊亭朝太《ちょうた》となる。これが振り出し。その後、三遊亭円菊《えんぎく》と改名して二つ目に昇進しました。

　続いて、金原亭《きんげんてい》馬《うま》太《た》郎《ろう》、吉原《よしわら》朝《ちょう》馬《ば》、全亭《ぜんてい》武《ぶ》生《しょう》。真打ち昇進時は、金原亭にもどって馬《ば》きん。全亭だとか、隅田川《すみだがわ》だとか、亭号（噺家の名前の名字に当たる）だって、自分で勝手に付けてしまっている。諸説ありますが、一六回もの改名を経て、五代目・古今亭志ん生となったのは、四九の歳。

　なんでここまで改名を繰り返したのでしょうか。その理由の一つは、借金取りから逃げ

るため。名前を変えたぐらいで逃げることができたとは思えないのですが、とにかく変えた。

そして、貧乏なころは転居も多かった。田端《たばた》、笹塚、幡ケ谷《はたがや》、方南町《ほうなんちょう》、元浅草などなど。やはり借金取りから逃れるためや、家賃が払えなくなったから。でも幡ケ谷の家は、「お化けが出る」「縁起が悪い」と早々に引き払ったとか。

なかでも有名なのが、業平《なりひら》のいわゆる「なめくじ長屋」。

「なめくじ」といえば、志ん生の枕詞《まくらことば》みたいなもの。著書の『なめくじ艦隊』も、なめくじ長屋に住み着いたナメクジが艦隊のごとく強い生命力を発揮し、それが志ん生の生きざまにもつながる、というのでそうなったらしいのです。

そのなめくじ長屋。いまの東京スカイツリー近くにあった沼だか池だかを埋め立てた土地に建った長屋で、それだけで評判が悪いから、入居者が誰もいない。誰か住人がいれば、それにつられて次の住人が入居するだろうと家主が考え、タダでもいいから入ってくれ、となったようです。

しかし夏にはジメジメして、部屋のなかにはナメクジが大量発生。朝になると、壁や天井をナメクジが這った跡がキラキラしていたといいます。で、なめくじ長屋。

さらには夏ともなると、とんでもない蚊《か》の大群が発生する。越して最初のころは他にだれも住んでいないものだから、明かりが点いている志ん生の家に蚊が全員集合。「ただいま」と口を開けただけで数十匹の蚊が口に飛び込んでくるという有り様。蚊帳《かや》は、なめくじ長屋当時は、命の次に大切な生活必需品だったとか。

ゴキブリやハエはもちろん、ネズミも多い。さらに大雨が降れば側溝が詰まって、床下、床上浸水。とにかく衛生面は劣悪だった。

こんなところに父が小学校に上がるころまで住んでいましたが、祖母のお腹が大きかったころに住んでいた方南町から、生まれたばかりでこの長屋に越してきたのですから、父が病弱だったのもなんとなく頷《うなず》けます。

とはいえ、「この子は二〇歳まで生きない」というお産婆《さんば》さんの予言を裏切り、父・馬生はその倍以上生き、多くの名人芸を残し、そしてたくさんの弟子たちを育てました。父は、その人生に悔いはなかったと思います。

ちなみに私の父が産まれたとき、お祝いをしましょうということで、志ん生が近くで買ってきたのが「鯛焼《たいや》き」。鯛の尾頭付きだ、と言って。さすがにそれを見たお産婆さんは、相当に驚いたことでしょう。それぐらい苦しい生活のなかでの馬生誕生だったわけです。

もちろん祖父は、そんな劣悪な住まいにもまったく頓着しなかったようです。そこまでは借金取りも追いかけてこなかったのか、祖父の「逃げ」はホンモノです。

まぁ、そんな「なめくじ長屋」ですが、祖父母や伯母は懐かしがっていました。その長屋では、みなが極貧ながら、飛び切りの人情を持っていたからのようです。

祖父の著書には、こんな記載があります。

「長屋の中には秘密なんてえものがない。なんでもかんでも素通しです。仲がいいんですよ。

醤油を切らしたといえば、となりがかしてくれる。お茶がないといえば、向かいの人がかしてくれる。となりが魚のアラを買ってくると、こっちから大根を出して煮て、そいつをわけ合ってたべるてえ具合で、お互いに都合しあって暮らしている。（中略）

だから、みんな、長屋じゅうが一軒の家みたいでしたよ。夫婦喧嘩も、子供のいたずらも、どこの家へ客が来たなんてえことも、すぐにわかってしまう」（『びんぼう自慢』）

また、こうも語っています。

「人の心のふれ合いてえものは、暮らしのよしあしとは違いますねえ。お互いが理解し合って、助け合って、一緒になって笑ったり、泣いたりする。あたしなんぞ、いまでもあの時分の、なめくじ長屋の生活てえのが、とってもなつかしく思い出されて来ますよ」

あの好き勝手し放題の祖父であっても、社会生活では、何より他者と理解し合うことの大切さを、しっかりと心に刻んでいたのですね。

志ん生は、十八番の「火焔太鼓《かえんだいこ》」「たがや」など、人情味にあふれ、市井《しせい》の人々の生活を生き生きと語る「長屋ばなし」も得意としました。なめくじ長屋という、なんとも劣悪な環境にあって、それすらも芸の肥やしにしてしまう、これこそ志ん生流。どんな状況になっても、転んだらタダでは起きないという気概のようなものが、そこにはあったのだと、感じずにはいられません。

戦ひの途中に帰る十次郎（志ん生）

さて、本書に何度も登場する「逃げ」について。

私は「逃げる」ことをちっとも悪いことだと思いません。ただし、それには人さまに「ひどい」迷惑をかけないという前提があります。「ひどい」にもいろいろあると思いますが、あとになって自分で始末ができなくなるような迷惑はかけない。でも、自分でケリをつけることができる程度の迷惑は、許容範囲と思っています。

志ん生も、逃げることにかけては天才的でした。一六回の改名のうちには、借金取りから逃れる目的だったものもある。ただしその後、時間がかかっても、きっちり落とし前をつけていたように思います。本人も、受けたご恩だけは絶対に忘れない、と語っていました。

暮らしもどん底から半歩上がり、仕事もできるようになって、末っ子が産まれ、祖父も俄然やる気が出てきました。父親としての自覚も出てきたのでしょう。

心を入れ替えるつもりで、落語界の大看板である「古今亭志ん生」の名を継ぐ気になります。昭和一四年、当時、祖父が所属していた東京落語協会の実権を握っていた六代目・一龍斎貞山《いちりゅうさいていざん》先生に相談したところ、「良いと思いますよ」との返事をもらいました。

ところが家に帰り、おりんさんにそう告げると、猛反対をされました。それもそのはず「志ん生」という名前は確かに大きな名前であるのだが、代々、短命である。縁起が悪いと。

初代・志ん生は、江戸時代に芝居噺の元祖・三遊亭圓生の門下から出た名前。初代は安政三年に四七歳で亡くなっている。二代目は相撲取りになるのを止めて噺家になった人で、身体が大きく力持ち、やはり名人でしたが、明治二二年に五七歳で亡くなっている。三代目は大正七年に五五歳で。四代目は大正一五年に四九歳で、志ん生を継いでわずか二年たらず、しかも名前を継いでから身体の調子が悪くなり、あれよあれよという間に亡くなった。おりんさんが嫌がったのも頷けます。

しかし、反対されると臍曲《へそま》がりの強情っぱりな性格がむらむらと燃えてくる。私もそういうところがあるので、祖父の気持ちがよく分かります。長いくすぶり生活をしたうえで何か運が向いてきた感覚があったのでしょう。

なぜ志ん生を継ぐ気になったかについては、こんな不思議ないきさつもあります。神田に「立花亭」という寄席がありました。そこの楽屋で事務員のような仕事をしていた人が誰かから聞いたわけでもないのに、「師匠、こんど志ん生を継ぐんですってね。そしたら、どこへでもお供させていただきますよ、えへへへ」と言ったそうです。

そのときから祖父は、すっかり志ん生になるという気分になり、その話を人に話すと、それは良いとなり、どんどん運が向いてくるのが感じられたようです。

その感覚は、当人にしか分かりません。もちろん、おりんさんが反対する気持ちも分かっていたと思いますが、まさに時が来たと、祖父には感じられたのでしょう。反対するおりんさんに、思わず口をついて出た言葉。

「べらぼうめぇ。志ん生になると、みんな患うだの、早死にするなんてぇことが法律で決まってるわけのもんじゃぁあるめい。こういうこたぁ、その人の運勢だぁな。おれがもし志ん生になって患うんなら、むしろ本望じゃぁねえか。もし長生きして、うーんと看板大きくしたら、代々の師匠も喜んでくれるだろう。どうだい、それでも異存あるかい」

こう言ったそうです。すると、おりんさんは「そんなら、そうおしよ」と……。

このときのことを志ん生は、生涯、おりんさんを言い負かしたのだと思っていたようですが、おりんさんはおりんさんで、志ん生が言い出したら聞かないことが分かっていたのです。そしてこのとき、志ん生に、いままでのくすぶりとは違うキラリと光る何かを見たのだと思います。

不思議な流れです。まるで天からの使者のような気がします。ただ、その後、「立花亭」の事務員は、家族の話題にのぼることはありませんでしたが。

初めは当人も真剣に考えていたわけではない志ん生の襲名。なぜかとんとん拍子に進みます。いままでのしくじりを知っている師匠方は、御祝儀《ごしゅうぎ》を祖父には渡さず、おりんさんに渡したそうです。全部使ってしまうのを知っていますからね。

その披露目の会場である「上野精養軒」の費用も、先の貞山先生が払ってくださり、夫婦して涙をこぼしたとのこと。そして、その恩に報いるべく、さらに芸に励んだのです。

その後、仕事も来るようになり、実力も認められます。しかし、それも束の間《つかま》、その年の九月に第二次世界大戦が始まります。そして六年後、志ん生は満州に逃げていくことになるのです。

この件について、馬生はこう語っています。

「空襲が激しくなって、カーッと燃えて、みんな死んでいくのに、そこを捨てて、自分だけ逃げていっちゃうっていうこと、あなた、できますか、できないでしょう。それができる。それが許されるんですよ、オヤジさんの場合は……。まあ、若いときのエピソードなんて、よくいわれますけれども、普通一般じゃできないことをやってるわけですよね。それが魅力なんですね」(『志ん生伝説』)

長男をして、しかも最も長く近くにいた者に、ここまで言わせる志ん生の身勝手さ。一家の長としてやるべきことを息子に押し付けてしまう。そうであっても、周りがそれを受け入れてしまう。その魅力は、もはや魔力のように見えます。

いずれにせよ、逃げずに追い詰められてパンクすることだけは避けるべきです。

本当に嫌な仕事、違和を感じる場所、物、相手からは、ためらわずにサッサと逃げましょうよ。そしてまた、定期的に人間関係の棚卸しをして、あるいは時に不要な物を捨て去って、シンプルに生きる。これが心身ともに健やかに生きるコツではないでしょうか。

志ん生も前出の「週刊サンケイ」で信条を聞かれ、こう答えています。

「人と諍《いさか》いをしないということが第一番でしょうな。めんどくさかったら寄りつかないようにしている。盾《たて》ついてそうしてるのは、自分の身を亡ぼすようなもんだなア。〝売るケンカ買わぬがもうけ高いゆえ〟という歌があるね」（『志ん生芸談』）

㉕ この世で起こったことはみんな、この世で解決するもんだよ

「子供が急に高熱をだして、どうなるかと首をかしげて心配しているときに、『この注射で大丈夫！　もう持ちなおしましたよ……』

と医者にいわれると、ホッと安心してうれしいんですよ。物事てえものは、うれしい前

にはきまって、心配事や悲しいことがあるんです。心配事や悲しいことから、うれしいことが生れてくるもんですナ。タナからボタモチみたいなうれしいことなんて、ザラにありゃアしませんよ」（『なめくじ艦隊』）

そう志ん生は、著作のなかで語っています。

悲しい経験があればこそ、平穏で普通な状況が嬉しく思える。このような経験は、多くの方がお持ちだと思います。

環境は必ず変わります。でも、時間の後戻りはありません。いまの悲しみや不安は、その後の嬉しさや晴れ晴れした状況の前触れと思えば、少しは楽になるのではないでしょうか。

この考えこそ、志ん生の真骨頂。いまを生き抜くための大きなヒントです。悪いことが良いことを引き寄せ、良いことが逆に悪いことを感じさせる。このようなサイクルが自分の周辺で回っているとすれば、ものすごく気分が楽になるのではないでしょうか。この志ん生の教えを、いつもご自分の心のポケットにしまっておいていただきたいと思います。

懐は寒の中でも春が来る（志ん生）

　さて、祖父・志ん生は、昭和四八年九月、老衰で、家人が気付かなかったほど穏やかに安らかに、眠りながら逝きました。享年八三。大往生と言っていいでしょう。最後は少し弱ってはいましたが、まあ、いまで言うピンピンコロリに近い。ある意味、さっぱりした、彼らしいその逝き方でした。

　当時は既に引退して数年が経ってはいましたが、最後まで独演会をやるつもりでいました。あれほど徹底した個人主義を貫いて、一歩も自分に妥協せず生きてきた人は、滅多《めった》にいないと思います。自分の人生に後悔など、まったくなかったでしょう。

　ただやはり、心残りは、最後に高座に上がることができなかったことだと思います。もしかしたら死の床にあっても、頭のなかでは落語の稽古を続けていたのかもしれません。お手本である『圓朝全集』を最後の最後まで枕元に置いていましたし。

　雑誌「人物往来」昭和三〇年一月号では、このように書いています。

「この落語は、お稽古を寝ずにやったからといって、出来ばえが良いということはない。自然のものだ。勉強したから上手くなるというのは、普通一般の芸でしょう。私が思うのは、落語の芸は『妙』というものだ。落語ばかりは、ただ出来ても駄目。出来てからが、

落語ばかりは、ただ出来ても駄目

〝ホネ〟なので、一番必要なのは、たえまない努力で、そして欲を捨てること。どうかして金をとろうと思ってると駄目なのだ。その点新作は誰がしゃべっても同じだけど、古典の方は、一応勉強した後から味つけするのが自然にそなわってくるのだから、長くかかる。この味付が三十年で出来るか、五十年かかるか、いずれにしても大変なことだ」（『志ん生芸談』）

祖父の味つけが一流であったことを多くの方々に認めてもらったことは、家族や私の誇りです。

でも、先にも述べたように時間は前にしか進みません。死んでからはもちろん、自分にその能力があるうちにやらないと、そのやりたいことはできないのです。後戻りできないのです。

もしやりたいことがあるのなら、すぐにやってみるべきです。やってみて、早すぎたのなら、ちょうど良いタイミングに改めればいい。そのちょうど良いタイミングも、やってみないと分からないのですから。

会いたい人がいるのなら、いますぐ会いに行ったほうが良い。そのタイミングを逃したら、一生会えなくなるかもしれません。思った瞬間が必然のタイミングだ、そう感じることが大切なのかもしれません。

この世のことは、あの世に持っては行けません。この世のことは、この世で処理しなくてはなりません。だから、いまというタイミングを大切にしたいですね。

落語の世界に「フラ」という表現があります。人間自体が醸し出す面白味のようなもので、稽古を積んで身に付くようなものではなく、その人の上に降ってくるようなもの。芸の霊が乗り移るというか、そのような存在感です。

志ん生は、フラを地で行くような芸人でした。ナマの志ん生を、その存在感を、いまの時代に体験できないことがとても残念です。

志ん生の死は、当時の新聞各紙で大きく報じられましたが、演芸評論家の矢野誠一さんが「毎日新聞」に寄せた追悼文に、こんな一節があります。

「『火焔太鼓』や『らくだ』のおかしさは、決してはなしの面白さではなくて、志ん生というひとの発想そのものにあったので、こういう落語家は、そう簡単に出るものではない」（『志ん生のいる風景』）

自動車のタイヤの跡を武士歩き（志ん生）

結局のところ――日々是好日

昭和四八年九月二一日、祖父・志ん生は亡くなりました。それこそ眠るように逝ったと聞いています。もう四五年も前のことになりました。

その後も落語家・志ん生の人気はしばらく続き、レコード、カセットテープ、CDなどの売れ行きは、他の落語家の追随《ついずい》をゆるさないものがありました。また、『五代目　古今亭志ん生　全集』「志ん生文庫」、そして『志ん生一代』などの書籍も多数、刊行されています。

演芸評論家の矢野誠一さんは、著作のなかで、こう表現しています。

「落語家の評価なんて、終極のところその藝に対してだけなされるのがふつうなのだが、古今亭志ん生のばあいは、いささかちがっていた。その藝もさることながら、生き方そのものがこれほどに評価された落語家もそういない。それも求道的な態度を取りつづけ、藝一筋という儒教的な道徳律の規範のような生き方が、藝人として尊ばれがちであった時代に、きわめて強烈な自己主張をしてのけ、好き勝手な道楽三昧にふけり、およそ反道徳きわまる生き方をしてのけているのだ」(『志ん生のいる風景』)

この生き方に聴衆は、自分の憧れの姿のようなものを見ていたのかもしれません。彼の死から四五年、この間、昭和から平成へ、そして世の中のすべてが大きく様変わりしましたが、いまの世でも心に響く何かが残されていることは間違いありません。

志ん生の生き方は、ブレないなどという生易《なまやさ》しいものではない気がします。ここまで徹底して自分のやりたいように、自分のことだけ考えて生きるのは、並の人間ではできないと思います。そのためならば地位も名誉も金も要らない。本当に潔《いさぎよ》すぎる生き方でした。

さて、この志ん生をはじめとする昭和を駆け抜けた人たちの底力は、どこから生まれたのでしょうか。それは、災害が多い日本という国土に長年にわたって培われてきたもののように感じます。諦《あきら》めず、前を見て進んでいく国民性は、日本国民の天賦《てんぷ》のものなのかもしれません。

これは平成でも、その後の新しい御世《みよ》になっても変わらないと思います。魂のなかにあるものは、そう易々《やすやす》とはなくなりません。

そんな昭和人の底力は、志ん生の生き方に、よく表れています。唯一無二な自分自身を最も愛し、自分が好きなように生きる。もちろん他人も自分と同じように大切な唯一無二の人であるので、その人の生き方も自身と同じように尊重する。懐は寂しいかもしれないが、近所で助け合って、心だけはリッチでいる。いわばクオリティの高い貧乏が、昭和を代表していると思います。

平成という時代が終わろうとしているいま、昭和に比べればずっと豊かになったのだから、お金のことばかり考えていないで、目の前の幸せに集中してみませんか？

特別、みなが驚くようなことをする必要はありません。外からの不安な情報などに惑わされず、ブレずに生きるのです。そうして、どうしても納得できないことがあったら、次のように叫ぶ。

「てやんでぇ、べらぼうめ！　しゃらくせぇが今回はてめぇの顔を立ててやる。が、次はないぜ、一つ貸しだぁおぼえとけ！　このすっとこどっこい！」

大きな声を出して。出せないときは心のなかで言ってやる。品の良い方は別の言い方で。気持ちを変えるための方法は、いろいろと書きましたが。

生き方そのものが評価された唯一の落語家

いまさら言うのもおこがましいですが、社会というのは人が集まって創られるものです。昨今の息苦しいような、世知辛《せちがら》い世の中……心にぽっかり空いた穴を埋める人は、やはり自分自身しかありません。それには自分の心を解き放ち、人を、そして自分を尊重し、信じてみましょう、志ん生のように。

日々平凡平穏な人生、それは上出来です。

ストレスフルな現代、真面目で正直な頑張り屋さんほど、多くのストレスを溜め込みます。肉体的にも精神的にも辛《つら》い思いをされているのではないでしょうか。

ただ、志ん生のようなデタラメな人生、自分の心の向くまま損得を考えずに生きる人生もあるのだと知ると、少しは自分を労《いたわ》ってあげようという気持ちになりませんか。

志ん生のように生きても犯罪者にはなりませんし、畳の上で八三歳の大往生《だいおうじょう》を遂げることもできます。がちがちに堅く辛い世の中を作っているのは、もしかしたら自分自身なのかもしれません。

最後に、志ん生の言葉を『なめくじ艦隊』から引きます。

「あの時分のことを思やあ、今どきの苦労なんて屁《へ》のカッパなんですが、そこはそれ、『のどもとすぎれば熱さを忘れる』で、今じゃあたしもゼイタクなことばっかりいってますよ。

こんなこたアあたしなんぞの言うがらじゃねえけれども、過ぎ去ったことなんざアサラリと忘れちゃって、前の方だけまっつぐに見て進んでいきゃ、それでケッコウ。（中略）が、ただ、あたしは、これまで人さまからうけた恩だけは、いつまでも忘れたくねえ。それを忘れちまうようじゃ、ろくな噺家にはなれねえと、こう思うんですよ」

平成三一年一月

美《み》濃《の》部《べ》由《ゆ》紀《き》子《こ》

五代目・古今亭志ん生の生涯

本名：美濃部孝蔵

明治二三（一八九〇）年：父美濃部戍行（もりゆき）母志う、の五男として東京・神田亀住町、現在の外神田五丁目付近に生まれる。当時、戍行は警視庁巡査

明治三八（一九〇五）年：家出無頼な生活をした後落語家を志す

明治四三（一九一〇）年：二代目三遊亭小圓朝に入門、三遊亭朝太となる

大正五（一九一六）年：三遊亭円菊と改名して二つ目に昇進

大正七（一九一八）年：六代目金原亭馬生門下に入り金原亭馬太郎と改名

大正八（一九一九）年：吉原朝馬に改名

大正九（一九二〇）年：全亭武生に改名

大正一〇（一九二一）年：真打ち昇進、金原亭馬きんとなる
大正一一（一九二二）年：清水りんと結婚
大正一二（一九二三）年：北区田端へ転居、古今亭志ん馬と改名
大正一三（一九二四）年：長女・美津子誕生
大正一四（一九二五）年：次女・喜美子誕生
大正一五／昭和元（一九二六）年：古今亭馬生と改名
同年：古今亭ぎん馬と改名、渋谷区笹塚に転居
同年：柳家三語楼門下へ入り、柳家東三楼と改名
昭和二（一九二七）年：渋谷区幡ケ谷へ転居、柳家甚語楼に改名
同年：渋谷区笹塚に戻るがすぐに杉並区方南町に転居
昭和三（一九二八）年：長男・清の誕生（後の馬生）後、墨田区業平へ転居（いわゆる、なめくじ長屋）
昭和七（一九三二）年：隅田川馬石と改名するも、すぐに柳家甚語楼に戻る
昭和八（一九三三）年：古今亭志ん馬に改名
昭和九（一九三四）年：七代目・金原亭馬生を襲名

昭和一一（一九三六）年：台東区元浅草に転居
昭和一二（一九三七）年：文京区本駒込に転居
昭和一三（一九三八）年：次男・強次が誕生（後の志ん朝）
昭和一四（一九三九）年：五代目・古今亭志ん生を襲名
昭和一六（一九四一）年：太平洋戦争が始まる
昭和二〇（一九四五）年：文京区千駄木へ転居、満州に渡る
昭和二二（一九四七）年：満州より帰国
昭和二四（一九四九）年：日本の落語界で不動の人気を持つ落語家になる
昭和二六（一九五一）年：荒川区西日暮里へ転居
昭和三二（一九五七）年：落語協会会長就任
昭和三六（一九六一）年：脳溢血で倒れる
昭和三七（一九六二）年：高座に復帰する
昭和三九（一九六四）年：紫綬褒章を受ける
昭和四二（一九六七）年：勲四等瑞宝章を受ける
昭和四三（一九六八）年：落語家を引退

昭和四六（一九七一）年：妻・りん没する

昭和四八（一九七三）年：老衰により自宅で没する

主要参考文献

古今亭志ん生『なめくじ艦隊』
古今亭志ん生『びんぼう自慢』
古今亭志ん生『志ん生長屋ばなし』
古今亭志ん生『志ん生芸談』
結城昌治『志ん生一代（上／下）』
矢野誠一『志ん生のいる風景』
美濃部美津子『三人噺』
小島貞二『志ん生の忘れもの』
保田武宏『志ん生の昭和』
古今亭圓菊『落語家圓菊　背中の志ん生　師匠と歩いた二十年』
野村盛秋『志ん生伝説』

美濃部由紀子

一般社団法人「日本文化推進企画」代表理事。5代目・古今亭志ん生の長男である、10代目・金原亭馬生(美濃部清)の次女として、台東区谷中に生まれる。実姉は女優の池波志乃、義兄は俳優の中尾彬、長男は金原亭小駒。物心ついたころから叔父である古今亭志ん朝をはじめ数十人の落語家たちのなかで育ち、父、馬生が亡くなるまでマネージャー兼付き人を務める。平成22年、「江戸落語普及会」を設立。落語会などの企画・運営をはじめ、様々な文化事業を展開する。これまでの活動を通し、文化がいかに人の心を豊かにするのかを痛感し、「心豊かに生きる」という理念の普及に努める。

講談社+α新書 805-1 A

志《し》ん生《しょう》が語《かた》るクオリティの高《たか》い貧《びん》乏《ぼう》のススメ
昭和のように生きて心が豊かになる25の習慣

美《み》濃《の》部《べ》由《ゆ》紀《き》子《こ》 ©Yukiko Minobe 2019

2019年1月17日第1刷発行

発行者——渡瀬昌彦
発行所——株式会社 講談社
東京都文京区音羽2-12-21 〒112-8001
電話 編集(03)5395-3522
販売(03)5395-4415
業務(03)5395-3615
カバー・本文写真—講談社資料センター、美濃部由紀子
デザイン——鈴木成一デザイン室
カバー印刷——共同印刷株式会社
印刷——株式会社新藤慶昌堂
製本——牧製本印刷株式会社
本文組版——朝日メディアインターナショナル株式会社

定価はカバーに表示してあります。

落丁本・乱丁本は購入書店名を明記のうえ、小社業務あてにお送りください。

送料は小社負担にてお取り替えします。

なお、この本の内容についてのお問い合わせは第一事業局企画部「＋α新書」あてにお願いいたします。

Printed in Japan
ISBN978-4-06-513629-4